ŒUVRES
DE
M. DE VOLTAIRE.
TOME SECOND.

ŒUVRES
DE
M. DE VOLTAIRE
NOUVELLE EDITION,

Revûe, corrigée & confiderablement augmentée, avec des Figures en Taille-douce.

TOME SECOND.

A AMSTERDAM,
Aux dépens de la Compagnie.
M D C C X L I I.

L'ŒDIPE
TRAGEDIE
AVEC DES
CHOEURS.

Et une Préface dans laquelle on combat les sentimens de M. DE LA MOTTE sur la Poësie.

Revu & corrigé.

Tome II.

AVERTISSEMENT SUR L'ŒDIPE.

L'*Auteur composa cette Piece à l'âge de dix-neuf ans. Elle fut jouée en* 1718. *quarante-cinq fois de suite. Ce fut le Sr du Frene célébre Acteur, de l'âge de l'Auteur, qui joua le rôle d'Oedipe; Mademoiselle Desmares très-grande Actrice, joua celui de Jocaste, & quita le Théâtre*

AVERTISSEMENT.

quelque-tems après. On a rétabli dans cette nouvelle Edition le rôle de Philoctete, tel qu'il fut joué à la premiere representation.

PREFACE.

D'une Edition d'Oedipe de 1729.

'ŒDIPE dont on donne cette nouvelle Edition, fut representé pour la premiere fois au commencement de l'année 1718. Le Public le reçut avec beaucoup d'indulgence. Depuis même, cette Tragédie s'est toujours soutenuë sur le Théâtre, & on la revoit encore avec quelque plaisir malgré ses défauts ; ce que j'attribuë en partie à l'avantage qu'elle a toujours eu d'être très-bien representée, & en partie à la pompe & au patétique du spectacle même.

Le Pere Folard Jesuite, & M. de la Motte de l'Académie Françoise, ont depuis traité tous deux le même sujet, & tous deux ont évité les défauts dans lesquels je suis tombé. Il ne m'apartient pas de parler de leurs pieces ; mes criti-

PREFACE.

ques & même mes loüanges paroîtroient également suspectes *.

Je suis encore plus éloigné de prétendre donner une Poëtique à l'occasion de cette Tragédie ; je suis persuadé que tous ces raisonnemens délicats, tant rebattus depuis quelques années, ne valent pas une Scene de génie, & qu'il y a bien plus à aprendre dans Polyeucte & dans Cinna, que dans tous les préceptes de l'Abbé d'Aubignac. Severe & Paulite sont les véritables Maîtres de l'Art. Tant de Livres faits sur la Peinture par des Connoisseurs n'instruiront pas tant une Eleve, que la seule vuë d'une Tête de Raphaël.

Les principes de tous les Arts, qui dépendent de l'imagination, sont tous aisés & simples, tous puisés dans la Nature & dans la Raison. Les Pradons & les Boyers les ont connus aussi-bien que les Corneilles & les Racines ; la difference n'a été & ne sera jamais que dans l'aplication. Les Auteurs d'Armide & d'Issé, & les plus mauvais Compositeurs, ont eu les mêmes régles de Musique. Le Poussin a travaillé sur les mêmes princi-

---

(*) M. de la Motte donna deux Œdipes en 1726. l'un en rimes, & l'autre en prose non rimée. L'Œdipe en rimes fut joué deux fois ; l'autre n'a jamais été joué.

pes que Vignon. Il paroît donc auſſi inutile de parler de régles à la tête d'une Tragédie, qu'il le ſeroit à un Peintre de prévenir le Public par des Diſſertations ſur ſes Tableaux, ou à un Muſicien de vouloir démontrer que ſa Muſique doit plaire.

Mais puiſque M. de la Motte veut établir des régles toutes contraires à celles qui ont guidé nos grands Maîtres, il eſt juſte de défendre ces anciennes Loix, non pas parce qu'elles ſont anciennes, mais parce qu'elles ſont bonnes & néceſſaires, & qu'elles pouroient avoir dans un homme de ſon mérite un Adverſaire redoutable.

M. de la Motte veut d'abord proſcrire l'unité d'action *, de lieu & de tems.

Les François ſont les premiers d'entre les Nations modernes qui ont fait revivre ces ſages régles du Théâtre ; les autres Peuples ont été long-tems ſans vouloir recevoir un joug qui paroiſſoit ſi ſévere ; mais comme ce joug étoit juſte, & que la Raiſon triomphe enfin de tout, ils s'y ſont ſoumis avec le tems. Aujourd'hui même en Angleterre, les Auteurs affectent d'avertir au-devant de leurs Pieces, que la durée de l'action eſt éga-

(*) Des trois unités néceſſaires au Poëme Dramatique.

PREFACE.

le à celle de la representation ; & ils vont plus loin que nous, qui en cela avons été leurs Maîtres.

Toutes les Nations commencent à regarder comme barbares les tems où cette pratique étoit ignorée de plus grands Génies, tels que Don Lopez de Vega & Shakespear ; elles avouënt l'obligation qu'elles nous ont de les avoir retirées de cette barbarie. Faut-il qu'un François se serve aujourd'hui de tout son esprit pour nous y ramener ?

Quand je n'aurois autre chose à dire à M. de la Motte, sinon que Messieurs Corneille, Racine, Moliere, Adisson, Congreve, Maffey, ont tous observé les Loix du Théâtre, c'en seroit assez pour devoir arrêter quiconque voudroit les violer. Mais M. de la Motte mérite qu'on le combatte par des raisons plus que par des autorités.

Qu'est-ce qu'une Piece de Théâtre ? La representation d'une action. Pourquoi d'une seule & non de deux ou trois ? C'est que l'esprit humain ne peut embrasser plusieurs objets à la fois ; c'est que l'intérêt qui se partage s'anéantit bientôt ; c'est que nous sommes choqués de voir même dans un Tableau deux évenemens ; c'est qu'enfin la Nature seule nous a indiqué ce précepte, qui doit être invariable comme elle.

PREFACE.

Par la même raison l'unité de lieu est essentielle ; car une seule action ne peut se passer en plusieurs lieux à la fois. Si les Personnages que je vois sont à Athenes au premier Acte, comment peuvent-ils se trouver en Perse au second ? M. le Brun a-t'il peint Alexandre à Arbelles & dans les Indes sur la même toile ? " Je » ne serois pas étonné, dit adroitement » M. de la Motte, qu'une nation sen- » sée, mais moins amie des régles, s'ac- » commodât de voir Coriolan condam- » né à Rome au premier Acte, reçu chez » les Volsques au troisiéme, & assié- » geant Rome au quatriéme, » &c.

Premierement, je ne conçois point qu'un peuple sensé & éclairé ne fut pas ami des régles, toutes puisées dans le bon sens, & toutes faites pour son plaisir ; secondement, qui ne sent que voilà trois Tragédies, & qu'un pareil projet, fut-il executé même en beaux Vers, ne seroit jamais qu'une Piece de Jodelle ou de Hardy, versifiée par un Moderne habile ?

Si vous ôtez l'unité de lieu, vous ôtez donc nécessairement celle de l'action. L'unité de tems est jointe naturellement aux deux premieres : en voici, je crois, une preuve bien sensible.

J'assiste à une Tragédie, c'est-à-dire, à

la repréſentation d'une action. Le ſujet eſt l'accompliſſement de cette action unique. On conſpire contre Auguſte dans Rome ; je veux ſçavoir ce qui va arriver d'Auguſte & des Conjurés. Si le Poëte fait durer l'action quinze jours, il doit me rendre compte de ce qui ſe ſera paſſé dans ces quinze jours ; car je ſuis là pour être informé de ce qui ſe paſſe, & rien ne doit arriver d'inutile. Or s'il met devant mes yeux quinze jours d'évenement, voilà au moins quinze actions differentes, quelque petites qu'elles puiſſent être. Ce n'eſt plus uniquement cet accompliſſement de la conſpiration, auquel il faloit marcher rapidement ; c'eſt une longue hiſtoire qui ne ſera plus intéreſſante, parce qu'elle ne ſera plus vive, parce que tout ſe ſera écarté du moment de la déciſion, qui eſt le ſeul que j'attens. Je ne ſuis point venu à la Comédie pour entendre l'hiſtoire d'un Héros, mais pour voir un ſeul évenement de ſa vie.

Il y a plus. Le Spectateur n'eſt que trois heures à la Comédie, il ne faut donc pas que l'action dure plus de trois heures. Cinna, Andromaque, Bajazet, Œdipe, ſoit celui du grand Corneille, ſoit celui de M. de la Motte, ſoit même le mien (ſi j'oſe en parler) ne durent pas davantage. Si quelques autres Pieces exigent plus de tems, c'est une licence qui n'est pardonnable qu'en faveur des beautés de l'Ouvrage ; & plus cette licence est grande, plus elle est faute.

Nous étendons souvent l'unité de tems jusqu'à vingt-quatre heures, & l'unité de lieu de l'enceinte de tout un Palais. Plus de sévérité rendroit quelquefois d'assez beaux sujets impraticables, & plus d'indulgence ouvriroit la carriere à de trop grands abus. Car s'il étoit une fois établi qu'une action théâtrale pût se passer en deux jours, bien-tôt quelqu'Auteur y employeroit deux semaines, & un autre deux années ; & si l'on ne réduisoit pas le lieu de la Scene à un espace limité, nous verrions en peu de tems des Pieces telles que l'Ancien Jules César des Anglois, où Cassius & Brutus sont à Rome au premier Acte, en Thessalie dans le cinquiéme.

Ces loix observées, non-seulement servent à écarter des défauts, mais elles amenent de vrayes beautés ; de même que les régles de la belle Architecture exactement suivies, composent nécessairement un bâtiment qui plaît à la vue. On voit qu'avec l'unité de tems, d'action & de lieu, il est bien difficile qu'une Piece ne soit pas simple ; aussi voilà le mérite de toutes les Pieces de M. Racine ; & celui que demandoit Aristote. M. de la Motte en défendant une Tragédie de sa composition, préfere à cette noble simplicité, la multitude des évenemens ; il croit son sentiment autorisé par le peu de cas qu'on fait de Berenice, & par l'estime où est encore le Cid.

Il est vrai que le Cid est plus touchant que Berenice ; mais Berenice n'est condamnable que parce que c'est une Elegie plutôt qu'une Tragédie simple ; & le Cid, dont l'action est véritablement tragique, ne doit point son succès à la multiplicité des évenemens ; mais il plait malgré cette multiplicité, comme il touche malgré l'Infante, & non pas à cause de l'Infante.

M. de la Motte croit qu'on peut se mettre au-dessus de toutes ces régles, en s'en tenant à l'unité d'intérêt, qu'il dit avoir inventée, & qu'il apelle un paradoxe : Mais cette unité d'intérêt ne me paroît autre chose que celle de l'action. *Si plusieurs Personnages*, dit-il, *sont diversement intéressés dans le même évenement, & s'ils sont tous dignes que j'entre dans leurs passions, il y a alors unité d'action & non pas unité d'intérêt.*

Depuis que j'ai pris la liberté de disputer contre M. de la Motte sur cette petite question, j'ai relu le discours du grand Corneille sur les trois unités, il vaut mieux consulter ce grand Maître que moi. Voici comme il s'exprime : *Je tiens donc, & je l'ai déja dit, que l'unité d'action consiste en l'unité d'intrigue, & en l'unité de péril.* Que le Lecteur lise cet endroit de Corneille, & il décidera bien vîte entre M. de la Motte & moi; & quand je ne serois pas fort de l'autorité de ce grand homme, n'ai-je pas encore une raison plus convaincante ? C'est l'expérience. Qu'on lise nos meilleures Tragédies Françoises, on trouvera toujours des Personnages principaux diversement intéressés ; mais ces intérêts divers se raportent tous à celui du Personnage principal, & alors il y a unité d'action.

Si au contraire tous ces intérêts différens ne se raportent pas au principal Acteur, si ce ne sont pas des lignes qui aboutissent à un centre commun, l'intérêt est double, & ce qu'on apelle *action* au Théâtre, l'est aussi. Tenons-nous-en donc, comme le grand Corneille, aux trois unités, dans lesquelles les autres régles, c'est-à-dire, les autres beautés, se trouvent renfermées.

M. de la Motte les apelle *des principes de fantaisie*, & prétend qu'on peut fort bien s'en passer dans nos Tragédies, parce qu'elles font négligées dans nos Opera (*). C'eſt, ce me ſemble, vouloir réformer un gouvernement régulier ſur l'exemple d'une anarchie.

L'Opera eſt un ſpectacle auſſi bizarre que magnifique, où les yeux & les oreilles ſont plus ſatisfaits que l'eſprit, où l'aſſerviſſement à la Muſique rend néceſſaires les fautes les plus ridicules, où il faut chanter des Arriettes dans la deſtruction d'une Ville, & danſer autour d'un tombeau, où l'on voit le palais de Pluton & celui du Soleil, des Dieux, des Démons, des Magiciens, des Preſtiges, des Monſtres, des Palais formés & détruits en un clin d'œil. On tolere ces extravagances, on les aime même, parce qu'on eſt là dans le païs des Fées; & pourvu qu'il y ait du ſpectacle, de belles danſes, une belle muſique, quelques Scenes intéreſſantes, on eſt content. Il ſeroit auſſi ridicule d'exiger dans Alceſte l'unité d'action, de lieu & de tems, que de vouloir introduire des danſes & des Démons dans Cinna ou dans Rodogune.

Cependant, quoique les Opera ſoient diſpenſés de ces trois régles, les meilleurs ſont encore ceux où elles ſont le

(*) Pourquoi les régles de l'Opera different de celles de la Tragédie.

PRÉFACE.

moins violées : on les retrouve même, si je ne me trompe, dans plusieurs, tant elles sont nécessaires & naturelles, & tant elles servent à intéresser le Spectateur. Comment donc M. de la Motte peut-il reprocher à notre nation la legereté de condamner dans un spectacle les mêmes choses que nous aprouvons dans un autre ?

Il n'y a personne qui ne pût répondre à M. de la Motte : J'exige avec raison beaucoup plus de perfection d'une Tragédie que d'un Opera ; parce qu'à une Tragédie mon attention n'est point partagée, que ce n'est ni d'une sarabande ni d'un pas de deux que dépend mon plaisir, que c'est à mon ame uniquement qu'il faut plaire : J'admire qu'un homme ait sçu amener & conduire dans un seul lieu, & dans un seul jour, un seul évenement que mon esprit conçoit sans fatigue, & où mon cœur s'intéresse par degrés. Plus je vois combien cette simplicité est difficile, plus elle me charme ; & si je veux ensuite me rendre raison de mon plaisir, je trouve que je suis de l'avis de M. Despreaux, qui dit :

Qu'en un lieu, qu'en un jour, un seul fait accompli
Tienne jusqu'à la fin le Théâtre rempli.

J'ai pour moi encore, poura-t'il dire, l'autorité du grand Corneille; j'ai plus encore, j'ai son exemple & le plaisir que me font ses Ouvrages à proportion qu'il a plus ou moins obéi à cette régle.

M. de la Motte ne s'est pas contenté de vouloir ôter du Théâtre ses principales régles, il veut encore lui ôter la Poësie, & nous donner des Tragédies en prose.

Cet Auteur ingénieux & fécond, qui n'a fait que des Vers en sa vie, ou des Ouvrages de prose à l'occasion de ses Vers, écrit contre son art même, & le traite avec le même mépris qu'il a traité Homere, que pourtant il a traduit: Jamais Virgile, ni le Tasse, ni M. Despreaux, ni M. Racine, ni M. Pope, ne se sont avisés d'écrire contre l'harmonie des Vers, ni M. de Lully contre la Musique, ni M. Newton contre les Mathématiques. On a vû des hommes qui ont eu quelquefois la foibléffe de se croire supérieurs à leur profession, ce qui est le sûr moyen d'être au-dessous: mais on n'en avoit point encore vu qui voulussent l'avilir. Il n'y a que trop de personnes qui méprisent la Poësie faute de la connoitre. Paris est plein de gens de bon sens, nés avec des organes insensibles à

PRÉFACE.

toute harmonie, pour qui de la Musique n'est que du bruit, & à qui la Poësie ne paroît qu'une folie ingénieuse. Si ces personnes aprennent qu'un homme de mérite, qui a fait cinq ou six volumes de Vers, est de leur avis, ne se croiront-ils pas en droit de regarder tous les autres Poëtes comme des foux, & celui-là comme le seul à qui la raison est revenuë. Il est donc nécessaire de lui répondre pour l'honneur de l'art, & j'ose dire pour l'honneur d'un païs, qui doit une partie de sa gloire, chez les étrangers, à la perfection de cet art même.

M. de la Motte avance que la rime est un usage barbare inventé depuis peu.

Cependant, tous les peuples de la terre, excepté les anciens Romains, & les Grecs, ont rimé & riment encore (*). Le retour des mêmes sons est si naturel à l'homme, qu'on a trouvé la rime établie chez les Sauvages, comme elle l'est à Rome, à Paris, à Londres, & à Madrid. Il y a dans *Montagne* une chanson en rimes américaines traduite en François; on trouve dans un des Spectateurs de M. Adisson, une traduction d'une Ode Laponne rimée qui est pleine de sentiment.

(*) Que toutes les nations ont rimé excepté les Grecs & les Romains.

Les Grecs, *quibus dedit ore rotundo Musa loqui*, nés sous un ciel plus heureux, & favorisés par la nature d'organes plus délicats que les autres nations, formerent une langue dont toutes les syllabes pouvoient par leur longueur ou leur brieveté exprimer les sentimens lents, ou impétueux de l'ame. De cette varieté de syllabes & d'intonations, résultoit dans leurs Vers, & même aussi dans leur prose, une harmonie que les anciens Italiens sentirent, qu'ils imiterent, & qu'aucune nation n'a pu saisir après eux : mais soit rime, soit syllabes cadencées, la Poësie contre laquelle M. de la Motte se révolte, a été & sera toujours cultivée par tous les peuples.

Avant Herodote, l'Histoire même ne s'écrivoit qu'en Vers (*) chez les Grecs qui avoient pris cette coutume des anciens Egyptiens, le peuple le plus sage de la terre, & le mieux policé, & le plus sçavant. Cette coutume étoit très-raisonnable ; car le but de l'Histoire étoit de conserver à la posterité la mémoire du petit nombre de grands Hommes, qui lui devoient servir d'exemple. On ne s'étoit point encore avisé de donner l'histoire d'un Convent ou d'une petite Ville en plusieurs volumes *in folio.*

(*) Autrefois tout s'écrivoit en Vers.

On n'écrivoit que ce qui en étoit digne, que ce que les hommes devoient retenir par cœur. Voilà pourquoi on se servoit de l'harmonie des Vers pour aider la mémoire. C'est pour cette raison que les premiers Philosophes, les Législateurs, les Fondateurs des Religions & les Historiens, étoient tous Poëtes.

Il semble que la Poësie dût manquer communément dans de pareils sujets ou de précision ou d'harmonie : mais depuis que Virgile a réuni ces deux grands mérites qui paroissent si incompatibles, depuis que MM. Despreaux & Racine ont écrit comme Virgile, un homme qui les a lus tous trois, & qui sçait que tous trois sont traduits dans presque toutes les Langues de l'Europe, peut-il avilir à ce point un talent qui lui a fait tant d'honneur à lui-même ? Je placerai nos Despreaux & nos Racines à côté de Virgile pour le mérite de la versification ; parce que si l'auteur de l'Eneïde étoit né à Paris, il auroit rimé comme eux, & si ces deux François avoient été du tems d'Auguste, ils auroient fait le même usage que Virgile, de la mesure des Vers Latins. Quand donc M. de la Motte appelle la versification *un travail méchanique & ridicule ;* c'est charger de ce ridicule, non-seulement tous nos grands

Poëtes, mais tous ceux de l'Antiquité. Virgile & Horace se sont asservis à un travail aussi méchanique que nos Auteurs. Un arrangement heureux de spondées & de dactyles, étoit bien aussi pénible que nos rimes & nos hémistiches. Il faut que ce travail fût bien laborieux, puisque l'Eneïde après onze années n'étoit pas encore dans sa perfection.

M. de la Motte prétend qu'au moins une Scéne de Tragédie mise en prose ne perd rien de sa grace ni de sa force. Pour le prouver il tourne en prose la premiere Scéne de Mithridate, & personne ne peut la lire.

Mais, dit-il, nos voisins ne riment point dans leurs Tragédies (*). Cela est vrai, mais ces pieces sont en Vers, parce qu'il faut de l'harmonie à tous les peuples de la terre. Il ne s'agit donc plus que de sçavoir si nos Vers doivent être rimés ou non. MM. Corneille & Racine ont employé la rime; craignons que si nous voulons ouvrir une autre carriere, ce ne soit plutôt par l'impuissance de marcher dans celle de ces grands Hommes, que par le desir de la nouveauté. Les Italiens & les Anglois peuvent se passer de rime, parce que leur langue a des inversions,

(*) Pourquoi la rime est nécessaire à la Poësie Françoise.

PRÉFACE.

& leur Poësie mille libertés qui nous manquent. Chaque langue a son génie déterminé par la nature de la construction de ses phrases, par la frequence de ses voyelles ou de ses consonnes, ses inversions, ses verbes auxiliaires, &c. Le génie de notre Langue est la clarté & l'élégance ; nous ne permettons nulle licence à notre Poësie, qui doit marcher comme notre prose dans l'ordre précis de nos idées ; nous avons donc un besoin essentiel du retour des mêmes sons pour que notre Poësie ne soit pas confondue avec la prose. Tout le monde connoit ces Vers :

Où me cacher ? fuyons dans la nuit infernale ;
Mais que dis-je ? Mon Pere y tient l'Urne fatale,
Le sort, dit-on, l'a mise en ses séveres mains ;
Minos juge aux Enfers tous les pâles humains.

Mettez à la place :

Où me cacher ? fuyons dans la nuit infernale ;
Mais que dis-je ? Mon Pere y tient l'Urne funeste,
Le sort, dit-on, l'a mise en ses séveres mains ;
Minos juge aux Enfers tous les pâles mortels.

Quelque poëtique que soit ce morceau, fera-t'il le même plaisir, dépouillé de l'agrément de la rime ? Les Anglois & les Italiens diroient également, comme les Grecs & les Romains les *pâles humains* Minos *aux Enfers juge*, & enjamberoient avec grace sur l'autre Vers. La maniere même de reciter des Vers en Italien & en Anglois fait sentir des syllabes longues & breves, qui soutiennent encore l'harmonie sans besoin de rimes. Nous qui n'avons aucun de ces avantages, pourquoi voudrions-nous abandonner ceux que la nature de notre langue nous laisse ?

M. de la Motte compare nos Poëtes, c'est-à-dire, nos Corneilles, nos Racines, nos Despreaux, à des faiseurs d'Acrostiches & à un Charlatan qui fait passer des grains de millet par le trou d'une éguille ; & ajoute que toutes ces puérilités n'ont d'autre mérite que celui de la difficulté surmontée.

J'avouë que les mauvais Vers sont à peu près dans ce cas. Ils ne different de la mauvaise prose que par la rime. Et la rime seule ne fait ni le mérite du Poëte ni le plaisir du Lecteur. Ce ne sont point seulement des dactyles & des spondées qui plaisent dans Virgile & dans Homere. Ce qui enchante toute la terre, c'est l'harmonie charmante qui naît de cette mesure difficile. Quiconque se borne à vaincre une difficulté pour le mérite seul de la vaincre, est un fou ; mais celui qui

PREFACE.

tire du fond de ces obstacles même des beautés qui plaisent à tout le monde, est un homme très-sage & presque unique. Il est très-difficile de faire de beaux tableaux, de belles statues, de bonne musique, de bons Vers. Aussi les noms des hommes supérieurs qui ont vaincu ces obstacles, dureront-ils beaucoup plus peut-être que les Royaumes où ils sont nés?

Je pourois prendre encore la liberté de disputer avec M. de la Motte sur quelques autres points, mais ce seroit peut-être marquer un dessein de l'attaquer personnellement, & faire soupçonner une malignité dont je suis aussi éloigné que de ses sentimens. J'aime beaucoup mieux profiter des réflexions judicieuses & fines qu'il a répandues dans son livre, que m'engager à en réfuter quelques-unes qui me paroissent moins vrayes que les autres. C'est assez pour moi d'avoir tâché de défendre un art que j'aime, & qu'il eût dû défendre lui-même.

Je dirai seulement un mot, (si M. de la Faye veut bien me le permettre) à l'occasion de l'Ode en faveur de l'harmonie, dans laquelle il combat en beaux Vers le sisteme de M. de la Motte, & à laquelle ce dernier n'a répondu qu'en prose. Voici une stance dans laquelle

PREFACE.

M. de la Faye a rassemblé en Vers harmonieux & pleins d'imagination presque toutes les raisons que j'ai alléguées.

> De la contrainte rigoureuse
> Où l'esprit semble resserré,
> Il reçoit cette force heureuse,
> Qui l'éleve au plus haut degré.
> Telle dans des canaux pressée,
> Avec plus de force élancée,
> L'onde s'éleve dans les airs ;
> Et la régle qui semble austere,
> N'est qu'un art plus certain de plaire,
> Inséparable des beaux Vers.

Je n'ai jamais vu de comparaison plus juste, plus gracieuse, ni mieux exprimée. M. de la Motte qui n'eût du y répondre qu'en l'imitant seulement, examine si ce sont les canaux qui font que l'eau s'éleve, ou si c'est la hauteur dont elle tombe qui fait la mesure de son élévation : Or où trouvera-t'on, continuë-t'il, *dans les Vers plutôt que dans la prose cette premiere hauteur des pensées*, &c.

Je crois que M. de la Motte se trompe comme Physicien, puisqu'il est certain que sans la gêne de ces canaux dont il s'agit, l'eau ne s'éleveroit point du tout, de quelque hauteur qu'elle tombât : mais ne se trompe-t'il pas encore plus comme Poëte ? Comment n'a-t'il pas

PREFACE.

pas senti, que comme la gêne de la mesure des Vers produit une harmonie agréable à l'oreille, ainsi cette prison où l'eau coule renfermée produit un jet d'eau qui plaît à la vuë ? La comparaison n'est-elle pas aussi juste que riante ? M. de la Faye a pris sans doute un meilleur parti que moi. Il s'est conduit comme ce Philosophe, qui pour toute réponse à un Sophiste qui nioit le mouvement, se contenta de marcher en sa presence. M. de la Motte nie l'harmonie des Vers : M. de la Faye lui envoye des Vers harmonieux ; cela seul doit m'avertir de finir ma prose.

ACTEURS.

OEDIPE, Roi de Thébes.
JOCASTE, Reine de Thébes.
PHILOCTETE, Prince d'Eubée.
LE GRAND PRESTRE.
HIDASPE, Confident d'Oedipe.
EGINE, Confidente de Jocaste.
DIMAS, Ami de Philoctete.
PHORBAS, Vieillard Thébain.
ICARE, Vieillard de Corinthe.
CHOEUR de Thébains.

La Scene est à Thébes.

OEDIPE TRAGEDIE.

ŒDIPE,
TRAGEDIE.

ACTE PREMIER.
SCENE I.
PHILOCTETE, DIMAS.
DIMAS.

PHILOCTETE, est-ce vous ?
    Quel coup affreux du fort,
Dans ces lieux empeſtés, vous
    fait chercher la mort !
Venez-vous de nos Dieux affron-
    ter la colere ?
Nul mortel n'oſe ici mettre un pied téméraire ;
Ces climats ſont remplis du céleſte courroux,
Et la Mort dévorante habite parmi nous.
Thébes depuis long-tems aux horreurs conſa-
    crée
Du reſte des vivans ſemble être ſéparée ;
Retournez. . . . .

B 2

PHILOCTETE.

Ce séjour convient aux malheureux.
Va, laisse-moi le soin de mes destins affreux;
Et dis-moi si des Dieux la colere inhumaine
A respecté du moins les jours de votre Reine.

DIMAS.

Oüi, Seigneur, elle vit; mais la contagion,
Jusqu'au pied de son Thrône, aporte son poison.
Chaque instant lui dérobe un Serviteur fidéle:
Et la mort par degrés semble s'aprocher d'elle.

On dit qu'enfin le Ciel après tant de courroux,
Va retirer son bras apesanti sur nous.
Tant de sang, tant de morts ont dû le satisfaire.

PHILOCTETE.

Hé! quel crime a produit un courroux si sévere?

DIMAS.

Depuis la mort du Roi.....

PHILOCTETE.

Qu'entens-je? quoi! Laïus....

DIMAS.

Il ne vit plus! quel mot a frapé mon oreille?
Quel espoir séduisant dans mon cœur se réveille?
Quoi! Jocaste, les Dieux me seroient-ils plus doux?
Quoi! Philoctete enfin pouroit-il être à vous?
Il ne vit plus!.... quel sort a terminé sa vie?

DIMAS.

Quatre ans sont écoulés, depuis qu'en Béotie,
Pour la derniere fois, le sort guida vos pas.
A peine vous quitiez le sein de vos Etats;
A peine vous preniez le chemin de l'Asie,

TRAGEDIE.

Lorsque d'un coup perfide, une main ennemie
Ravit à ses sujets ce Prince infortuné.

PHILOCTETE.

Quoi ! Dimas, votre Maître est mort, assassiné ?

DIMAS

Ce fut de nos malheurs la premiere origine.
Ce crime a de l'Empire entraîné la ruïne,
Du bruit de son trépas mortellement frapés,
A répandre des pleurs nous étions occupés :
Quand du courroux des Dieux ministre épouvantable,
Funeste à l'innocent, sans punir le coupable,
Un Monstre (Loin de nous que faisiez-vous alors ?)
Un Monstre furieux vint ravager ces bords.
Le Ciel industrieux dans sa triste vengeance
Avoit à le former épuisé sa puissance.
Né parmi des rochers au pied du Cithéron
Ce Monstre à voix humaine, Aigle, Femme & Lion,
De la Nature entière execrable assemblage,
Unissoit contre nous l'artifice à la rage.
Il n'étoit qu'un moyen d'en préserver ces lieux.

D'un sens embarrassé dans des mots captieux,
Le Monstre chaque jour dans Thébes épouvantée
Proposoit une Enigme avec art concertée ;
Et si quelque mortel vouloit nous secourir,
Il devoit voir le Monstre, & l'entendre ou périr.
A cette loi terrible il nous falut souscrire.

B 3

D'une commune voix Thébes offrit son Empire
A l'heureux Interpréte inspiré par les Dieux,
Qui nous dévoileroit ce sens mysterieux.
Nos Sages, nos Vieillards, séduits par l'esperance,
Oserent sur la foi d'une vaine science,
Du Monstre impénétrable affronter le courroux ;
Nul d'eux ne l'entendit, ils expirerent tous.
Mais Œdipe héritier du sceptre de Corinthe,
Jeune & dans l'âge heureux qui méconnoît la crainte,
Guidé par la fortune en ces lieux pleins d'effroi,
Vint, vit ce Monstre affreux, l'entendit & fut Roi.
Il vit, il régne encor ; mais sa triste puissance
Ne voit que des mourans sous son obéissance.
Hélas ! nous nous flâtions que ses heureuses mains
Pour jamais à son Thrône enchaînoient les Destins.
Déja même les Dieux nous sembloient plus faciles,
Le Monstre en expirant laissoit ces murs tranquiles ;
Mais la stérilité sur ce funeste bord,
Bien-tôt avec la faim nous raporta la mort.
Les Dieux nous ont conduits de suplice en suplice ;
La famine a cessé, mais non leur injustice :
Et la contagion, dépeuplant nos Etats,
Poursuit un foible reste échapé du trépas.
Tel est l'état horrible, où les Dieux nous réduisent ;

TRAGEDIE.

Mais vous, heureux Guerrier, que ces Dieux favorisent,
Qui du sein de la gloire a pu vous arracher ?
Dans ce séjour affreux que venez-vous chercher ?

PHILOCTETE.

J'y viens porter mes pleurs & ma douleur profonde,
Aprens mon infortune & les malheurs du monde.
Mes yeux ne verront plus ce digne fils des Dieux,
Cet apui de la Terre, invincible comme eux.
L'innocent oprimé perd son Dieu tutelaire,
Je pleure mon ami, le monde pleure un pere.

DIMAS.

Hercule est mort ?

PHILOCTETE.

Ami, ces malheureuses mains
Ont mis sur le bucher le plus grand des humains.
Je raporte en ces lieux ces fléches invincibles
Du fils de Jupiter, presens chers & terribles.
Je raporte sa cendre, & viens à ce Héros,
Attendant des autels, élever des tombeaux.
Crois-moi, s'il eût vécu, si d'un present si rare
Le Ciel pour les humains eût été moins avare,
J'aurois loin de Jocaste achevé mon destin ;
Et dût ma passion renaître dans mon sein,
Tu ne me verrois point, suivant l'amour pour guide,
Pour servir une femme abandonner Alcide.

DIMAS.

J'ai plaint long-tems ce feu si puissant & si doux,
Il nâquit dans l'enfance, il croissoit avec vous.

B 4

Jocaste par un pere à son hymen forcée,
Au Thrône de Laïus à regret fut placée.
Hélas ! par cet hymen, qui coûta tant de pleurs,
Les Destins en secret préparoient nos malheurs.
Que j'admirois en vous cette vertu suprême,
Ce cœur digne du Thrône & vainqueur de soi-même !
En vain l'amour parloit à ce cœur agité,
C'est le premier tyran que vous avez domté.

PHILOCTETE.

Il falut fuïr pour vaincre : oui, je te le confesse,
Je luttai quelque tems, je sentis ma foiblesse :
Il falut m'arracher de ce funeste lieu ;
Et je dis à Jocaste un éternel adieu.
Cependant l'Univers, tremblant au nom d'Alcide,
Attendoit son destin de sa valeur rapide ;
A ses divins travaux j'osai m'associer,
Je marchai près de lui ceint du même laurier.
C'est alors en effet que mon ame éclairée
Contre les passions se sentit assurée,
L'amitié d'un grand homme est un bienfait des Dieux,
Je lisois mon devoir & mon sort dans ses yeux.
Des vertus avec lui je fis l'aprentissage,
Sans endurcir mon cœur, j'affermis mon courage :
L'inflexible vertu m'enchaîna sous sa loi.
Qu'eussai-je été sans lui ? Rien que le fils d'un Roi :
Rien qu'un Prince vulgaire ; & je serois peut-être
Esclave de mes sens, dont il m'a rendu maître.

DIMAS.
Ainsi donc desormais, sans plainte & sans courroux,
Vous reverrez Jocaste & son nouvel époux ?
PHILOCTETE.
Comment ? que dites-vous ? un nouvel hymenée !
DIMAS.
Œdipe à cette Reine a joint sa destinée.
PHILOCTETE.
Œdipe est trop heureux. Je n'en suis point surpris.
Et qui sauva son peuple est digne d'un tel prix.
Le Ciel est juste.
DIMAS.
Œdipe en ces lieux va paraître.
Tout le peuple avec lui conduit par le Grand-Prêtre
Vient des Dieux irrités conjurer les rigueurs.
PHILOCTETE.
Je me sens attendri, je partage leurs pleurs.
O toi du haut des Cieux veille sur ta Patrie,
Exauce en sa faveur un ami qui te prie ;
Hercule, sois le Dieu de tes concitoyens,
Que leurs vœux jusqu'à toi montent avec les miens !

SCENE II.
LE GRAND-PRESTRE, LE CHŒUR.

La porte du Temple s'ouvre, & le Grand-Prêtre paroît au milieu du Peuple.

I. PERSONNAGE DU CHŒUR.

Esprits contagieux, tyrans de cet Empire,
Qui souffrez dans ces murs la mort qu'on y respire,

Redoublez contre nous votre lente fureur,
Et d'un trépas trop long épargnez-nous l'horreur.
SECOND PERSONNAGE.
Frapez, Dieux tout-puissans, vos Victimes sont prêtes :
O Monts, écrasez-nous... Cieux, tombez sur nos têtes !
O Mort, nous implorons ton funeste secours !
O Mort, viens nous sauver, viens terminer nos jours !
LE GRAND-PRESTRE.
Cessez, & retenez ces clameurs lamentables,
Foible soulagement aux maux des miserables ;
Fléchissons sous un Dieu qui veut nous éprouver,
Qui d'un mot peut nous perdre, & d'un mot nous sauver.
Il sçait que dans ces murs la mort nous environne,
Et les cris de Thébains sont montés vers son Thrône.
Le Roi vient, par ma voix, le Ciel va lui parler,
Les Destins à ses yeux veulent se dévoiler ;
Les tems sont arrivés, cette grande journée
Va du Peuple & du Roi changer la destinée.

SCENE III.
ŒDIPE, JOCASTE, LE GRAND-PRESTRE, EGINE, DIMAS, HIDAS, LE CHŒUR.
ŒDIPE.
PEuples qui dans ce Temple aportans vos douleurs,
Presentez à nos Dieux des offrandes de pleurs,

Que ne puis-je sur moi détournant leurs vengeances,
De la mort qui vous suit étouffer les semences !
Mais un Roi n'est qu'un homme en ce commun danger,
Et tout ce qu'il peut faire est de le partager.

Au Grand Prêtre.

Vous, Ministre des Dieux, que dans Thébes on adore,
Dédaignent-ils toujours la voix qui les implore?
Verront-ils sans pitié finir nos tristes jours?
Ces Maîtres des humains sont-ils muets & sourds?

LE GRAND-PRESTRE.

Roi, Peuples, écoutez-moi... Cette nuit à ma vuë
Du Ciel sur nos Autels la flamme est descenduë,
L'ombre du grand Laïus a paru parmi nous,
Terrible, & respirant la haine & le courroux,
Une effrayante voix s'est fait alors entendre :
» Les Thébains de Laïus n'ont point vengé la cendre,
» Le Meurtrier du Roi respire en ces Etats,
» Et de son souffle impur infecte vos climats.
» Il faut qu'on le connoisse, il faut qu'on le punisse.
» Peuples, votre salut dépend de son suplice.

OEDIPE.

Thébains, je l'avouerai, vous souffrez justement
D'un crime inexecusable un rude châtiment ;
Laïus vous étoit cher, & votre négligence
De ses Mânes sacrés a trahi la vengeance.
Tel est souvent le sort des plus justes des Rois,

Tant qu'ils font fur la terre on refpecte leurs
 loix :
On porte jufqu'aux Cieux leur juftice fuprême,
Adorés de leur Peuple, ils font des Dieux eux-
 mêmes ;
Mais après leur trépas, que font-ils à vos yeux?
Vous éteignez l'encens que vous bruliez pour
 eux ;
Et comme à l'intérêt l'ame humaine eft liée,
La vertu qui n'eft plus eft bien tôt oubliée.
Ainfi du Ciel vengeur implorant le courroux,
Le fang de votre Roi s'éléve contre vous.
Apaifons fon murmure, & qu'au lieu d'Héca-
 tombe,
Le fang du meurtrier foit verfé fur fa tombe.
A chercher le coupable apliquons tous nos
 foins.
Quoi de la mort du Roi n'a-t'on point de té-
 moins ?
Et n'a-t'on jamais pu parmi tant de prodiges
De ce crime impuni retrouver les veftiges ?
On m'avoit toujours dit que ce fût un Thébain
Qui leva fur fon Prince une coupable main.

A Jocafte.

Pour moi qui de vos mains recevant fa Cou-
 ronne
Deux ans après fa mort ai monté fur fon Trône,
Madame, jufqu'ici refpectant vos douleurs,
Je n'ai point rapellé le fujet de vos pleurs ;
Et de vos feuls périls chaque jour allarmée,
Mon ame à d'autres foins fembloit être fermée.

JOCASTE.

Seigneur, quand le deftin me réfervant à vous,
Par un coup imprévu m'enleva mon époux,

TRAGEDIE. 37

Lorsque de ses Etats procurant les frontiéres,
Ce Héros succomba sous des mains meurtriéres,
Phorbas en ce voyage étoit seul avec lui.
Phorbas étoit du Roi le conseil & l'apui.
Laïus qui connoissoit son zéle & sa prudence,
Partageoit avec lui le poids de sa puissance :
Ce fut lui qui du Prince à ses yeux massacré
Raporta dans nos murs le corps défiguré :
Percé de coups lui-même il se traînoit à peine,
Il tomba tout sanglant aux genoux de sa Reine.
» Des inconnus, dit-il, ont porté ces grands
    coups,
» Ils ont devant mes yeux massacré votre
    époux ;
» Ils m'ont laissé mourant, & le pouvoir cé-
    leste
» De mes jours malheureux a ranimé le reste.
Il ne m'en dit pas plus, & mon cœur agité
Voyoit fuir loin de lui la triste vérité :
Et peut-être le Ciel que ce grand crime irrite,
Déroba le coupable à ma juste poursuite :
Peut-être accomplissant ses Décrets éternels,
Afin de nous punir, il nous fit criminels.
Le Sphinx bien tôt après désola cette rive,
A ses seuls fureurs Thébes fut attentive,
Et l'on ne pouvoit guére en un pareil effroi
Venger la mort d'autrui, quand on trembloit
    pour soi.

OEDIPE.
Madame, qu'à-t'-on fait de ce sujet fidéle ?

JOCASTE.
Seigneur, on paya mal son service & son zéle.
Tout l'Empire en secret étoit son ennemi :
Il étoit trop puissant pour n'être point haï ;

Et du Peuple & des Grands la colere insensée
Brûloit de le punir de sa faveur passée.
On l'accusa lui-même, & d'un commun trans-
　　port,
Thébes entiére à grand cris me demanda sa
　　mort :
Et moi de tous côtés redoutant l'injustice,
Je tremblois d'ordonner sa grace, ou son su-
　　plice.
Dans un Château voisin conduit secretement,
Je dérobai sa tête à leur emportement ;
Là depuis quatre hivers ce Vieillard vénérable,
De la faveur des Rois exemple déplorable,
Sans se plaindre de moi, ni du Peuple irrité,
De sa seule innocence attend sa liberté.

OEDIPE.
A sa suite.

Madame, c'est assez. Courez, que l'on s'em-
　　presse,
Qu'on ouvre sa prison, qu'il vienne, qu'il pa-
　　roisse.
Moi-même devant vous je veux l'interroger ;
J'ai tout mon Peuple ensemble & Laïus à ven-
　　ger.
Il faut tout écouter, il faut d'un œil sévére
Sonder la profondeur de ce triste mystére
Et vous, Dieux des Thébains, Dieux qui nous
　　exaucez,
Punissiez l'Assassin, vous qui le connoissez.
Soleil, cache à ses yeux le jour qui nous éclaire :
Qu'en horreur à ses fils, exécrable à sa mere,
Errant, abandonné, proscrit dans l'Univers,
Il rassemble sur lui tous les maux des Enfers ;
Et que son corps sanglant, privé de sépulture,
Des Vautours dévorant devienne la pâture.

TRAGEDIE.

LE GRAND-PRESTRE.

A ces sermens affreux nous nous unissons tous.

OEDIPE.

Dieux que le crime seul éprouve enfin nos coups ;
Ou si de vos décrets l'éternelle justice
Abandonne à mon bras le soin de son suplice :
Et si vous êtes las enfin de nous haïr,
Donnez en commandant le pouvoir d'obéir.
Si sur un inconnu vous poursuivez un crime,
Achevez votre ouvrage, & nommez la victime.
Vous retournez au Temple, allez, que votre voix
Interroge ces Dieux une seconde fois :
Que vos vœux parmi nous les force à descendre ;
S'ils ont aimé Laïus, ils vengeront sa cendre,
Et conduisant un Roi, facile à se tromper,
Ils marqueront la place où mon bras doit fraper.

Fin du premier Acte.

ACTE II.
SCENE I.
JOCASTE, EGINE, HIDASPE, LE CHŒUR.

HIDASPE.

OUI ce Peuple expirant, dont je suis l'Interprete,
D'une commune voix accuse Philoctete,

Madame, & les Destins dans ce triste séjour
Pour nous sauver sans doute ont permis son retour.

JOCASTE.

Qu'ai-je entendu, grand Dieux !

EGINE.

Ma surprise est extrême....

JOCASTE.

Qui lui ! qui Philoctete ;

HIDASPE.

Oui, Madame, lui-même.
A quel autre en effet pouroient-ils imputer
Un meurtre qu'à nos yeux il sembla méditer ?
Il haïssoit Laïus, on le sçait, & sa haine
Aux yeux de votre époux ne se cachoit qu'à peine.
La jeunesse imprudente aisément se trahit ;
Son front mal déguisé découvroit son dépit.
J'ignore quel sujet animoit sa colére :
Mais un seul nom du Roi, trop prompt, & trop sincére,
Esclave d'un courroux qu'il ne pouvoit domter,
Jusques à la menace il osoit s'emporter.
Il partit : & depuis sa destinée errante
Ramena sur nos bords sa fortune flottante ;
Même il étoit dans Thébes en ces tems malheureux,
Que le Ciel a marqués d'un parricide affreux.
Depuis ce jour fatal avec quelque aparence.
De nos Peuples sur lui tomba la défiance.
Que dis-je ? assez long-tems les soupçons des Thébains
Entre Phorbas & lui flotterent incertains :

TRAGEDIE.

Cependant ce grand nom qu'il s'acquit dans la
  guerre,
Ce titre si fameux de Vengeur de la Terre,
Ce respect qu'aux Héros nous portons malgré
  nous,
Fit taire nos soupçons, & suspendit nos coups.
Mais les tems sont changés, Thébes en ce jour
  funeste,
D'un respect dangereux dépouillera le reste ;
En vain sa gloire parle à ces cœurs agités,
Les Dieux veulent du sang, & sont seuls écoutés.

I. PERSONNAGE DU CHOEUR.

O Reine, ayez pitié d'un Peuple qui vous aime !
Imitez de ces Dieux la justice suprême,
Livrez-nous leur victime, adressez-leur nos
  vœux :
Qui peut mieux les toucher qu'un cœur si digne
  d'eux ?

JOCASTE.

Pour fléchir leur courroux, s'il ne faut que ma
  vie,
Hélas ! c'est sans regret que je la sacrifie :
Thébains qui me croyez encor quelques vertus,
Je vous offre mon sang, n'exigez rien de plus.
Allez....

SCENE II.
JOCASTE, EGINE.
EGINE.

Que je vous plains !

JOCASTE.

      Hélas ! je porte envie
A ceux qui dans ces murs ont terminé leur vie.

ŒDIPE,

Quel état, quel tourment pour un cœur vertueux !

EGINE.

Il n'en faut point douter, votre fort est affreux.
Ces Peuples qu'un faux zéle aveuglement anime,
Vont bien-tôt à grand cris demander leur victime.
Je n'ofe l'accufer ; mais quelle horreur pour vous,
Si vous trouvez en lui l'affaffin d'un époux ?

JOCASTE.

Lui qu'un affaffinat ait pu fouiller fon ame !
Des lâches Scélérats c'eft le partage infâme.
Il ne manquoit, Egine, au comble de mes maux,
Que d'entendre d'un crime accufer ce Héros ;
Aprens que ces foupçons irritent ma colere,
Et qu'il eft vertueux, puifqu'il m'avoit fçu plaire.

EGINE.

Cet amour fi conftant....

JOCASTE.

Ne crois pas que mon cœur
De cet amour funefte ait pu nourrir l'ardeur.
Je l'ai trop combattu.... cependant, chere Egine,
Quoique faffe un grand cœur où la vertu domine,
On ne fe cache point ces fecrets mouvemens,
De la Nature en nous indomtables enfans,
Dans les replis de l'ame ils viennent nous furprendre ;
Ces feux qu'on croit éteints renaiffent de leur cendre,

TRAGEDIE.

Et la vertu sévére en de si durs combats,
Résiste aux passions, & ne les détruit pas.

EGINE.

Votre douleur est juste autant que vertueuse,
Et de tels sentimens....

JOCASTE.

Que je suis malheureuse !
Tu connois, chere Egine, & mon cœur & mes maux ;
J'ai deux fois de l'Hymen allumé les flambeaux,
Deux fois de mon destin subissant l'injustice,
J'ai changé d'esclave, ou plutôt de suplice ;
Et le seul des mortels dont mon cœur fut touché,
A mes vœux pour jamais devoit être arraché.
Pardonnez-moi, Grands Dieux, ce souvenir funeste,
D'un feu que j'ai domté c'est le malheureux reste.
Egine, tu nous vis l'un de l'autre charmés,
Tu vis nos nœuds rompus aussi-tôt que formés.
Mon Souverain m'aima, m'obtint malgré moi-même ;
Mon front chargé d'ennuis fut ceint du Diadême,
Il falut oublier dans ces embrassemens
Et mes premiers amours, & mes premiers sermens.
Tu sçais qu'à mon devoir toute entiere attachée,
J'étouffai de mes sens la révolte cachée ;
Et déguisant mon trouble & dévorant mes pleurs,
Je n'osois à moi-même avouer mes douleurs.

ŒDIPE,
EGINE.
Comment donc pouviez-vous du joug de l'Hy-
   menée
Une seconde fois tenter la destinée ;.
JOCASTE.
Hélas !
EGINE.
M'est-il permis de ne vous rien cacher ?
JOCASTE.
Parle.
EGINE.
Oedipe, Madame, a paru vous toucher;
Et votre cœur du moins sans trop de résistance,
De vos Etats sauvés donna sa récompense.
JOCASTE.
Ah Grand Dieux !
EGINE.
Etoit-il plus heureux que Laïus ?
Ou Philoctete absent ne vous touchoit-il plus ;
Entre ces deux Héros étiez-vous partagée ;
JOCASTE.
Par un Monstre cruel Thébes alors ravagée,
A son Libérateur avoit promis ma foi,
Et le Vainqueur du Sphinx étoit digne de moi.
EGINE
Vous l'aimiez ?
JOCASTE.
Je sentis pour lui quelque foiblesse.
Mais que ce sentiment fut loin de la tendresse !
Ce n'étoit point, Egine, un feu tumultueux,
De mes sens enchantés enfant impétueux.
Je ne reconnus point cette brûlante flamme
Que le seul Philoctete a fait naître en mon ame;

TRAGEDIE.

Et qui sur mon esprit répandant son poison,
De son charme fatal a séduit ma raison.
Je sentois pour Oedipe une amitié sévére.
Oedipe est vertueux, sa vertu m'étoit chere,
Mon cœur avec plaisir le voyoit élevé
Au Thrône des Thébains qu'il avoit conservé.
Mais enfin sur ses pas aux autels entraînée,
Egine, je sentis dans mon ame étonnée
Les transports inconnus que je ne conçus pas :
Avec horreur enfin je me vis dans ses bras.
Cet hymen fut conclu sous un affreux augure.
Egine, je voyois dans une nuit obscure,
Près d'Oedipe & de moi je voyois des Enfers
Les gouffres éternels à mes pieds entr'ouvers;
De mon premier époux l'ombre pâle & sanglante
Dans cet abyme affreux paroissoit menaçante ;
Il me montroit mon fils, ce fils, qui dans mon flanc
Avoit été formé de son malheureux sang ;
Ce fils dont ma pieuse & barbare injustice
Avoit fait à nos Dieux un secret sacrifice.
De les suivre tous deux ils sembloient m'ordonner.
Tous deux dans le Tartare ils sembloient m'entraîner.
De sentimens confus mon ame possédée
Se presentoit toujours cette effroyable idée ;
Et Philoctete encor trop present dans mon cœur,
De ce trouble fatal augmentoit la terreur.

EGINE.

J'entens du bruit, on vient, je le voi; qui s'avance.

ŒDIPE,
JOCASTE.

C'eſt lui-même : je tremble ; évitons ſa preſence.

SCENE III.
JOCASTE, PHILOCTETE.
PHILOCTETE.

NE fuyez point, Madame, & ceſſez de trembler :
Oſez me voir, oſez m'entendre & me parler ;
Ne craignez point ici que mes jalouſes larmes
De votre hymen heureux troublent les nouveaux charmes.
N'attendez point de moi de reproches honteux,
Ni de lâches ſoupirs indignes de tous deux :
Je ne vous tiendrai point de ces diſcours vulgaires
Que dicte la moleſſe aux Amans ordinaires ;
Un cœur qui vous chérit, & (s'il faut dire plus,
S'il vous ſouvient des nœuds que vous avez rompus)
Un cœur pour qui le vôtre avoit quelque tendreſſe.
N'a point apris de vous à montrer de foibleſſe.

JOCASTE.
De pareils ſentimens n'apartenoient qu'à nous,
J'en dois donner l'exemple, ou le prendre de vous,
Si Jocaſte avec vous n'a pu ſe voir unie,
Il eſt juſte avant tout que je m'en juſtifie.

Je vous aimois, Seigneur : une suprême loi
Toujours malgré moi-même a disposé de moi ;
Et du Sphinx & des Dieux la fureur trop con-
 nuë,
Sans doute à votre oreille est déja parvenuë.
Vous sçavez quels fleaux ont éclaté sur nous,
Et qu'Œdipe...
PHILOCTETE.
Je sçais qu'Œdipe est votre époux :
Je sçais qu'il en est digne ; &, malgré sa jeu-
 nesse,
L'Empire des Thébains sauvé par sa sagesse,
Ses exploits, ses vertus, & sur tout votre choix,
Ont mis cet heureux Prince au rang des plus
 grands Rois.
Ah ! pourquoi la fortune à me nuire constante,
Emportoit-elle ailleurs ma valeur imprudente ?
Si le vainqueur du Sphinx devoit vous con-
 quérir,
Faloit-il loin de vous ne chercher qu'à périr ?
Je n'aurois point percé les ténébres frivoles
D'un vain sens déguisé sous d'obscures paroles.
Ce bras que votre aspect eût encore animé,
A vaincre avec le fer étoit accoutumé.
Du Monstre à vos genoux j'eusse aporté la
 tête...
D'un autre cependant Jocaste est la conquête :
Un autre a pu joüir de cet excès d'honneur !...
JOCASTE.
Vous ne connoissez pas quel est votre malheur.
PHILOCTETE.
Je perds Alcide & vous, qu'aurai-je à crain-
 dre encore ?
JOCASTE.
Vous êtes dans des lieux qu'un Dieu vengeur
 abhore.

Un feu contagieux annonce son courroux,
Et le sang de Laïus est retombé sur nous :
Du Ciel qui nous poursuit la justice outragée
Venge ainsi de ce Roi la cendre négligée ;
On doit sur nos autels immoler l'assassin :
On le cherche, on vous nomme, on vous ac-
 cuse enfin.

PHILOCTETE.

Madame, je me tais ; une pareille offense
Etonne mon courage, & me force au silence.
Qui moi de tels forfaits ! moi des assassinats !
Et que de votre époux... vous ne le croyez
 pas.

JOCASTE.

Non, je ne le crois point, & c'est vous faire
 injure,
Que daigner un moment combattre l'impos-
 ture.
Votre cœur m'est connu, vous avez eu ma foi,
Et vous ne pouvez point être indigne de moi.
Oubliez ces Thébains que les Dieux abandon-
 nent,
Trop dignes de périr depuis qu'ils vous soup-
 çonnent ;
Fuyez-moi, c'en est fait, nous nous aimions
 en vain ;
Les Dieux vous réservoient un plus noble
 destin.
Vous étiez né pour eux, leur sagesse profonde
N'a pu fixer dans Thébes un bras utile au
 monde,
Ni souffrir que l'amour remplissant ce grand
 cœur,
Enchaînât près de moi votre obscure valeur.
Non, d'un lien charmant le soin tendre & ti-
 mide

TRAGEDIE.

Ne dut point occuper le succeſſeur d'Alcide ;
Ce n'eſt qu'aux malheureux que vous devez vos ſoins.
De toutes vos vertus comptable à leurs beſoins,
Déja de tous côtés les Tyrans reparoiſſent,
Hercule eſt ſous la tombe, & les Monſtres renaiſſent.
Allez, libre des feux dont vous futes épris,
Partez, rendez Hercule à l'Univers ſurpris.

Seigneur, mon epoux vient, ſouffrez que je vous laiſſe :
Non, que mon cœur troublé redoute ſa foibleſſe ;
Mais j'aurois trop peut-être à rougir devant vous,
Puiſque je vous aimois, & qu'il eſt mon epoux.

SCENE IV.
ŒDIPE, PHILOCTETE, HIDASPE.

ŒDIPE.

Hidaſpe, c'eſt donc là le Prince Philoctete?

PHILOCTETE.

Oui, c'eſt lui qu'en ces murs un ſort aveugle jette,
Et que le Ciel encor à ſa perte animé
A ſouffrir des affronts n'a point accoutumé.
Je ſçais de quels forfaits on veut noircir ma vie,
Seigneur, n'attendez pas que je m'en juſtifie ;
J'ai pour vous trop d'eſtime, & je ne penſe pas
Que vous puiſſiez deſcendre à des ſoupçons ſi bas.

Si fur les mêmes pas nous marchons l'un &
  l'autre,
Ma gloire d'affez près eft unie à la vôtre.
Thefée, Hercule & moi, nous vous avons
  montré
Le chemin de la gloire où vous êtes entré :
Ne deshonorez point par une calomnie
La fplendeur de ces noms où votre nom s'allie;
Et foutenez fur tout par un trait généreux
L'honneur que vous avez d'être placé près
  d'eux.

OEDIPE.

Etre utile aux Mortels, & fauver cet Empire,
Voilà, Seigneur, voilà l'honneur feul où j'af-
  pire,
Et ce que m'ont apris en ces extrémités
Les Héros que j'admire, & que vous imités.
Certes je ne veux point vous imputer un cri-
  me ;
Si le Ciel m'eût laiffé le choix de la victime,
Je n'aurois immolé de victime que moi.
Mourir pour fon Païs, c'eft le devoir d'un
  Roi :
C'eft un honneur trop grand pour le céder à
  d'autres ;
J'aurois tranché mes jours, & défendu les vô-
  tres ;
J'aurois fauvé mon Peuple une feconde fois.
Mais, Seigneur, je n'ai point la liberté du
  choix :
C'eft un fang criminel que nous devons répan-
  dre :
Vous êtes accufé, fongez à vous défendre ;
Paroiffez innocent, il me fera bien doux
D'honorer dans ma Cour un Héros tel que
  vous ;

TRAGEDIE.

Et je me tiens heureux, s'il faut que je vous
 traite,
Non comme un accusé, mais comme Philoctete.

PHILOCTETE.

Je veux bien l'avouer, sur la foi de mon nom
J'avois osé me croire au-dessus du soupçon.
Cette main qu'on accuse, au défaut du ton-
nerre,
D'infâmes assassins a delivré la terre;
Hercule à les domter avoit instruit mon bras.
Seigneur, qui les punit, ne les imite pas.

OEDIPE.

Ah ! je ne pense point qu'aux exploits consa-
crées
Vos mains par des forfaits se soient deshono-
rées,
Seigneur ; & si Laïus est tombé sous vos coups,
Sans doute avec honneur il expira sous vous.
Vous ne l'avez vaincu qu'en guerrier magna-
nime,
Je vous rends trop justice.

PHILOCTETE.

Hé ! quel seroit mon crime ?
Si ce fer chez les morts eût fait tomber Laïus,
Ce n'eût été pour moi qu'un triomphe de plus.
Un Roi pour ses sujets est un Dieu qu'on ré-
vére;
Pour Hercule & pour moi c'est un homme or-
dinaire.
J'ai défendu des Rois, & vous devez songer
Que j'ai pu les combattre, ayant pu les venger.

OEDIPE.

Je connois Philoctete à ces illustres marques;
Des Guerriers comme vous sont égaux aux
Monarques.

Je le sçais cependant, Prince n'en doutez pas,
Le Vainqueur de Laïus est digne du trépas;
Sa tête répondra des malheurs de l'Empire,
Et vous...
PHILOCTETE.
Ce n'est point moi, ce mot doit vous suffire:
Seigneur, si c'étoit moi, j'en ferois vanité;
En vous parlant ainsi, je dois être écouté.
C'est aux hommes communs, aux ames ordi-
  naires,
A se justifier par des moyens vulgaires;
Mais un Prince, un guerrier, tel que vous,
  tel que moi,
Quand il a dit un mot, en est cru sur sa foi.
Du meurtre de Laïus, Œdipe me soupçonne!
Ah! ce n'est point à vous d'en accuser per-
  sonne.
Son sceptre & son épouse ont passé dans vos
  bras;
C'est vous qui recueillez le fruit de son trépas.
Et je n'ai point, Seigneur, au tems de sa dis-
  grace
Disputé sa dépouille & demandé sa place.
Le Thrône est un objet qui ne peut me tenter.
Hercule à ce haut rang dédaignoit de monter.
Toujours libre avec lui sans sujets & sans maî-
  tre,
J'ai fait des Souverains, & n'ai point voulu
  l'être.
Mais enfin à vos yeux c'est trop m'humilier,
La vertu s'avilit à se justifier.
OEDIPE.
Cessons un entretien qui tous deux nous of-
  fense.
On vous jugera, Prince, & si votre innocence
De l'équité des Loix n'a rien à redouter,

Avec plus de splendeur elle en doit éclater,
Demeurez parmi nous.

PHILOCTETE.

J'y resterai sans doute,
Il y va de ma gloire, & le Ciel qui m'écoute
Ne me verra partir que vengé de l'affront,
Dont vos soupçons honteux ont fait rougir
 mon front.

SCENE V.
ŒDIPE, HIDASPE.
ŒDIPE.

JE l'avoüerai, j'ai peine à le croire coupable.
D'un cœur tel que le sien l'audace inébran-
 lable
Ne sçait point s'abaisser à des déguisemens :
Le mensonge n'a point de si hauts sentimens.
Je ne puis voir en lui cette bassesse infâme.
Je te dirai bien plus, je rougissois dans l'ame
De me voir obligé d'accuser ce grand cœur ;
Je me plaignois à moi de mon trop de rigueur.
Nécessité cruelle, attachée à l'Empire !
Dans le cœur des humains les Rois ne peuvent
 lire ;
Souvent sur l'innocence ils font tomber leurs
 coups,
Et nous sommes, Hidaspe, injustes malgré
 nous.
Mais que Phorbas est lent pour mon impa-
 tience !
C'est sur lui seul enfin que j'ai quelque espe-
 rance.
Car les Dieux irrités ne nous répondent plus,
Ils ont par leur silence expliqué leur refus.

HIDASPE.

Tandis que par vos soins vous pouvez tout aprendre,
Quel besoin que le Ciel ici se fasse entendre ?
Ces Dieux dont le Pontife a promis le secours,
Dans leurs Temples, Seigneur, n'habitent point toujours ;
On ne voit point leur bras si prodigue en miracles,
Ces Antres, ces Trépieds qui rendent leurs Oracles,
Ces organes d'airain que nos mains ont formés,
Toujours d'un souffle pur ne sont point animés.
Ne nous endormons point sur la foi de leurs Prêtres,
Au pied du Sanctuaire il est souvent des traîtres,
Qui nous asservissant sous un pouvoir sacré,
Font parler les Destins, les font taire à leur gré.
Voyez, examinez avec un soin extrême
Philoctete, Phorbas & Jocaste elle-même.
Ne nous fions qu'à nous, voyons tout par nos yeux,
Ce sont là nos Trépieds, nos Oracles, nos Dieux.

OEDIPE.

Seroit-il dans le Temple un cœur assez perfide ?
Non, si le Ciel enfin de nos destins décide,
On ne le verra point mettre en d'indignes mains
Le dépôt précieux du salut des Thébains.
Je vais, je vais moi-même, accusant leur silence,

TRAGEDIE.

Par mes vœux redoublés flechir leur inclemence.
Toi, si pour me servir tu montres quelque ardeur,
De Phorbas que j'attens cours hâter la lenteur.
Dans l'état déplorable où tu vois que nous sommes,
Je veux interroger & les Dieux & les hommes.

Fin du second Acte.

ACTE III.
SCENE I.
JOCASTE, EGINE.
JOCASTE.

OUI, j'attens Philoctete, & je veux qu'en ces lieux,
Pour la derniere fois, il paroisse à mes yeux.

EGINE

Madame, vous sçavez jusqu'à quelle insolence
Le Peuple a de ses cris fait monter la licence.
Ces Thébains que la mort assiége à tout moment,
N'attendent leur salut que de son châtiment.
Vieillards, femmes, enfans, que leur malheur accable,
Tous sont intéressés à le trouver coupable :
Vous entendez d'ici leurs cris séditieux,
Ils demandent son sang de la part de nos Dieux.

Pourez-vous réſiſter à tant de violence ?
Pourez-vous le ſervir & prendre ſa défenſe ?
JOCASTE.
Moi ! ſi je la prendrai ? Duſſent tous les Thébains
Porter juſques ſur moi leurs parricides mains ;
Sous ces murs tous fumans duſſai-je être écraſée ,
Je ne trahirai point l'innocence accuſée.

Mais une juſte crainte occupe mes eſprits.
Mon cœur de ce Héros fut autrefois épris ;
On le ſçait , on dira que je lui ſacrifie
Ma gloire , mes époux , mes Dieux & ma patrie ;
Que mon cœur brûle encore...
EGINE
Ah ! calmez cet effroi ;
Cet amour malheureux n'eut de témoin que moi ,
Et jamais....
JOCASTE.
Que dis-tu ? crois qu'une Princeſſe
Puiſſe jamais cacher ſa haine ou ſa tendreſſe ?
Des Courtiſans ſur nous les inquiets regards
Avec avidité tombent de toutes parts ;
A travers les reſpects leurs trompeuſes ſoupleſſes
Pénétrent dans nos cœurs , & cherchent nos foibleſſes :
A leur malignité rien n'échape & ne fuit ,
Un ſeul mot , un ſoupir , un coup d'œil nous trahit ;
Tout parle contre nous juſqu'à notre ſilence ,

Et quand leur artifice & leur perseverance
Ont enfin malgré nous arraché nos secrets,
Alors avec éclat leurs discours indiscrets
Portant sur notre vie une triste lumiere,
Vont de nos passions remplir la Terre entiere.

EGINE.

Hé ! qu'avez-vous, Madame, à craindre de leurs coups ?
Quels regards si perçans sont dangereux pour vous ?
Quel secret pénétré peut flétrir votre gloire ?
Si l'on sçait votre amour, on sçait votre victoire,
On sçait que la vertu fut toujours votre apui.

JOCASTE.

Et c'est cette vertu qui me trouble aujourd'hui.
Peut-être à m'accuser toujours prompte & sévére,
Je porte sur moi-même un regard trop austere :
Peut-être je me juge avec trop de rigueur ;
Mais enfin Philoctete a régné sur mon cœur.
Dans ce cœur malheureux son image est tracée,
Ma vertu ni le tems ne l'ont point effacée.
Que dis-je ? je ne sçais, quand je sauve ses jours,
Si la seule équité m'apelle à son secours.
Ma pitié me paroît trop sensible & trop tendre,
Je sens trembler mon bras tout prêt à le défendre.
Je me reproche enfin mes bontés & mes soins,
Je le servirois mieux, si je l'eusse aimé moins.

EGINE.

Mais voulez-vous qu'il parte ?

JOCASTE.

Oüi, je le veux sans doute;
C'est ma seule esperance, & pour peu qu'il m'écoute,
Pour peu que ma priere ait sur lui de pouvoir,
Il faut qu'il se prépare à ne me plus revoir:
De ces funestes lieux qu'il s'écarte, qu'il fuïe,
Qu'il sauve en s'éloignant & ma gloire & sa vie;
Mais qui peut l'arrêter ? il devroit être ici.
Chere Egine, va, cours.

SCENE II.

JOCASTE, PHILOCTETE, EGINE.

JOCASTE.

AH ! Prince, vous voici.
Dans le mortel effroi dont mon ame est émue,
Je ne m'excuse point de chercher votre vuë;
Mon devoir, il est vrai, m'ordonne de vous fuïr,
Je dois vous oublier, & non pas vous trahir;
Je crois que vous sçavez le sort qu'on vous aprête.

PHILOCTETE.

Un vain Peuple en tumulte a demandé ma tête ;
Du jour qui m'importune il veut me délivrer.

JOCASTE.

Ah ! de ce coup affreux songeons à nous parer !
Partez : de votre sort vous êtes encor maître ;
Mais ce moment, Seigneur, est le dernier peut-être,

TRAGEDIE.

Où je puis vous sauver d'un indigne trépas.
Fuyez, & loin de moi précipitant vos pas,
Pour prix de votre vie heureusement sauvée,
Oubliez que c'est moi qui vous l'ai conservée.

PHILOCTETE.

Daignez montrer, Madame, à mon cœur agité
Moins de compassion, & plus de fermeté;
Préferez comme moi mon honneur à ma vie,
Commandez que je meure, & non pas que je fuïe,
Et ne me forcez point, quand je suis innocent,
A devenir coupable en vous obéïssant.
Des biens que m'a ravis la colere céleste,
Ma gloire, mon honneur est le seul qui me reste;
Ne m'ôtez pas ce bien, dont je suis si jaloux,
Et ne m'ordonnez pas d'être indigne de vous.
J'ai vécu, j'ai rempli ma triste destinée,
Madame, à votre époux ma parole est donnée;
Quelque indigne soupçon qu'il ait conçu de moi,
Je ne sçais point encor comme on manque de foi.

JOCASTE.

Seigneur, au nom des Dieux, au nom de cette flamme
Dont la triste Jocaste avoit touché votre ame,
Si d'une si parfaite & si tendre amitié
Vous conservez encore un reste de pitié;
Enfin s'il vous souvient que promis l'un à l'autre,
Autrefois mon bonheur a dépendu du vôtre,
Daignez sauver des jours de gloire environnés,
Des jours à qui les miens ont été destinés.

C 6

PHILOCTETE.

Je vous les confacrai, je veux que leur carriere,
De vous, de vos vertus, foit digne toute entiere;
J'ai vécu loin de vous, mais mon fort eft trop beau,
Si j'emporte en mourant votre eftime au tombeau.
Qui fçait même, qui fçait fi d'un regard propice,
Le Ciel ne verra point ce fanglant facrifice?
Qui fçait fi fa clemence au fein de vos Etats,
Pour m'immoler à vous n'a point conduit mes pas?
Sans doute il me devoit cette grace infinie
De conferver vos jours aux dépens de ma vie.
Peut-être d'un fang pur il peut fe contenter,
Et le mien vaut du moins qu'il daigne l'accepter.

SCENE III.

ŒDIPE, JOCASTE, PHILOCTETE, EGINE, HIDASPE, Suite.

ŒDIPE.

PRince, ne craignez point l'impétueux caprice
D'un Peuple dont la voix preffe votre fuplice;
J'ai calmé fon tumulte, & même contre lui
Je vous viens, s'il le faut, prefenter mon apui.
On vous a foupçonné; le Peuple a dû le faire,
Moi qui ne juge point ainfi que le Vulgaire,
Je voudrois que perçant un nuage odieux,

TRAGEDIE.

Déja votre innocence éclatât à leurs yeux :
Mon esprit incertain, que rien n'a pu résoudre,
N'ose vous condamner, mais ne peut vous ab-
　　soudre.
C'est au Ciel que j'implore à me déterminer.
Ce Ciel enfin s'apaise, il veut nous pardonner,
Et bien-tôt retirant la main qui nous oprime,
Par la voix du Grand-Prêtre il nomme la vic-
　　time ;
Et je laisse à nos Dieux plus éclairés que nous,
Le soin de décider entre mon Peuple & vous.

PHILOCTETE.

Votre équité, Seigneur, est inflexible & pure;
Mais l'extrême justice, est une extrême injure,
Il n'en faut pas toujours écouter la rigueur.
Des Loix que nous suivons la premiere est
　　l'Honneur.
Je me suis vu réduit à l'affront de répondre
A de vils Délateurs que j'ai trop sçu confondre.
Ah ! sans vous abaisser à cet indigne soin,
Seigneur, il suffisoit de moi seul pour témoin :
C'étoit, c'étoit assez d'examiner ma vie ;
Hercule apui des Dieux, & vainqueur de l'Asie,
Les Monstres, les Tyrans qu'il m'aprit à dom-
　　pter,
Ce sont-là les témoins qu'il me faut confronter.
De vos Dieux cependant interrogez l'organe ;
Nous aprendrons de lui si leur voix me con-
　　damne.
Je n'ai pas besoin d'eux, & j'attens leur Arrêt,
Par pitié pour ce Peuple, & non par intérêt.

SCENE IV.

ŒDIPE, JOCASTE, LE GRAND-PRESTRE, HIDASPE, PHILOCTETE, EGINE, Suite ; LE CHŒUR.

ŒDIPE.

Hé bien, les Dieux touchés des vœux qu'on leur adresse,
Suspendent-ils enfin leur couleur vengeresse ?
Quelle main parricide a pu les offenser ?

PHILOCTETE.

Parlez, quel est le sang que nous devons verser ?

LE GRAND-PRESTRE.

Fatal present du Ciel ! science malheureuse ?
Qu'aux mortels curieux vous êtes dangereuse !
Plût aux cruels Destins qui pour moi sont ouverts,
Que d'un voile éternel mes yeux fussent couverts !

PHILOCTETE.

Hé bien, que venez-vous annoncer de sinistre ?

ŒDIPE.

D'une haine éternelle êtes-vous le Ministre ?

PHILOCTETE.

Ne craignez rien.

ŒDIPE.

    Les Dieux veulent-ils mon trépas ?

LE GRAND-PRESTRE.

à Oedipe.

Ah ! si vous m'en croyez, ne m'interrogez pas.

TRAGEDIE.

OEDIPE.
Quel que soit le destin que le Ciel nous annonce,
Le salut des Thébains dépend de sa réponse.

PHILOCTETE.
Parlez.

OEDIPE.
Ayez pitié de tant de malheureux,
Songez qu'Oedipe...

LE GRAND-PRESTRE.
Oedipe est plus à plaindre qu'eux.

I. PERSONNAGE DU CHOEUR.
Oedipe a pour son Peuple une amour paternelle ;
Nous joignons à sa voix notre plainte éternelle ;
Vous à qui le Ciel parle, entendez nos clameurs.

II. PERSONNAGE DU CHOEUR.
Nous mourons, sauvez-nous, détournez ses fureurs.
Nommez cet assassin, ce monstre, ce perfide.

I. PERSONNAGE DU CHOEUR.
Nos bras vont de son sang laver son parricide.

LE GRAND-PRESTRE.
Peuples infortunés, que me demandez-vous ?

I. PERSONNAGE DU CHOEUR.
Dites un mot, il meurt, & vous nous sauvez tous.

LE GRAND-PRESTRE
Quand vous serez instruits du destin qui l'accable,
Vous fremirez d'horreur au seul nom du coupable.
Le Dieu qui par ma voix vous parle en ce moment,

Commande que l'exil soit son seul châtiment ;
Mais bien-tôt éprouvant un desespoir funeste,
Ses mains ajouteront à la rigueur céleste.
De son suplice affreux vos yeux seront surpris,
Et vous croirez vos jours trop payés à ce prix.

OEDIPE.

Obéissez.

PHILOCTETE.

Parlez.

OEDIPE.

C'est trop de résistance.

LE GRAND-PRESTRE.

à Oedipe.

C'est vous qui me forcez à rompre le silence.

OEDIPE.

Que ces retardemens allument mon courroux !

LE GRAND-PRESTRE.

Vous le voulez.. hé bien... c'est...

OEDIPE.

Acheve ; qui ?

LE GRAND-PRESTRE.

à Oedipe.

OEDIPE.

Moi ?

LE GRAND-PRESTRE.

Vous, malheureux Prince.

IL PERSONNAGE DU CHOEUR.

Ah ! que viens-je d'entendre ?

JOCASTE.

Interprete des Dieux, qu'osez-vous nous aprendre ?

à Oedipe.

Quoi ! vous de mon époux vous seriez l'assassin ?

TRAGEDIE.

Vous à qui j'ai donné sa couronne & ma main ?
Non, Seigneur, non, des Dieux l'oracle nous abuse,
Votre vertu dément la voix qui vous accuse.

I. PERSONNAGE.

O Ciel, dont le pouvoir préside à notre sort,
Nommez une autre tête, ou rendez-nous la mort.

PHILOCTETE.

N'attendez point, Seigneur, outrage pour outrage,
Je ne tirerai point un indigne avantage ;
Du revers inouï qui vous presse à mes yeux,
Je vous croi innocent malgré la voix des Dieux.
Je vous rends la justice enfin qui vous est dûë,
Et que ce Peuple & vous ne m'avez point renduë.
Contre vos ennemis je vous offre mon bras,
Entre un Peuple & vous je ne balance pas.
Un Prêtre quel qu'il soit, quelque Dieu qui l'inspire,
Doit prier pour ses Rois, & non pas les maudire.

OEDIPE.

Quel excès de vertu, mais quel comble d'horreur !
L'un parle en demi-Dieu, l'autre en Prêtre imposteur.

Au Grand-Prêtre.

Voilà donc des autels, quel est le privilege,
Imposteur, ainsi donc ta bouche sacrilege,
Pour accuser ton Roi d'un forfait odieux,
Abuse insolemment du commerce des Dieux ?

Tu crois que mon courroux doit respecter encore
Le Ministere saint que ta main deshonore.
Traître, aux pieds des autels il faudroit t'immoler
A l'aspect de tes Dieux que ta voix fait parler.

LE GRAND-PRESTRE.

Ma vie est en vos mains, vous en êtes le maître :
Profitez des momens que vous avez à l'être.
Aujourd'hui votre arrêt vous sera prononcé,
Tremblez, malheureux Roi, votre régne est passé ;
Une invisible main suspend sur votre tête
Le glaive menaçant que la vengeance aprête.
Bien-tôt de vos forfaits vous-même épouvanté,
Fuyant loin de ce Thrône où vous êtes monté,
Privé des feux sacrés & des eaux salutaires,
Remplissant de vos cris les antres solitaires,
Par-tout d'un Dieu vengeur vous sentirez les coups,
Vous chercherez la mort, la mort fuira de vous.
Le Ciel, ce Ciel témoin de tant d'objets funébres,
N'aura plus pour vos yeux que d'horribles ténébres.
Au crime, au châtiment malgré vous destiné,
Vous seriez trop heureux de n'être jamais né.

OEDIPE.

J'ai forcé jusqu'ici ma colere à t'entendre ;
Si ton sang méritoit qu'on daignât le répandre,
Dé ton juste trépas mes regards satisfaits,
De ta prédiction préviendroient les effets.
Va, fui, n'excite plus le transport qui m'agite,

TRAGEDIE.

Et respecte un courroux que ta presence irrite;
Fui, d'un mensonge indigne abominable auteur.

LE GRAND-PRESTRE.

Vous me traitez toujours de traître & d'imposteur ;
Votre pere autrefois me croyoit plus sincere.

OEDIPE.

Arrête... que dis-tu ? quoi Polibe... mon pere?

LE GRAND-PRESTRE.

Vous aprendrez trop tôt votre funeste sort,
Ce jour va vous donner la naissance & la mort.
Vos destins sont comblés, vous allez vous connoître.
Malheureux, sçavez-vous quel sang vous donna l'être ?
Entouré de forfaits à vous seul réservés,
Sçavez-vous seulement avec qui vous vivez,
O Corinthe ! ô Phocide ! exécrable hymenée !
Je vois naître une race impie, infortunée,
Digne de sa naissance, & de qui la fureur
Remplira l'Univers d'épouvante & d'horreur.
Sortons.

SCENE V.

ŒDIPE, PHILOCTETE, JOCASTE.

ŒDIPE.

CEs derniers mots me rendent immobile,
Je ne sçais où je suis, ma fureur est tranquile :
Il me semble qu'un Dieu descendu parmi nous,

Maître de mes transports enchaîne mon cour-
 roux ;
Et prêtant au Pontife une force divine,
Par sa terrible voix m'annonce ma ruine.

PHILOCTETE.

Si vous n'aviez, Seigneur, à craindre que des
 Rois,
Philoctete avec vous combattroit sous vos
 loix ;
Mais un Prêtre est ici d'autant plus redoutable,
Qu'il vous perce à nos yeux par un trait res-
 pectable.
Fortement apuyé sur des Oracles vains,
Un Pontife est souvent terrible aux Souve-
 rains,
Et dans son zéle aveugle un Peuple opiniâtre,
De ses liens sacrés imbécile idolâtre,
Foulant par pieté les plus saintes des loix,
Croit honorer les Dieux, en trahissant ses Rois;
Sur-tout quand l'interêt pere de la licence,
Vient de leur zéle impie enhardir l'insolence.

OEDIPE.

Ah ! Seigneur, vos vertus redoublent mes
 douleurs,
La grandeur de votre ame égale mes malheurs.
Accablé sous le poids du soin qui me dévore,
Vouloir me soulager, c'est m'accabler encore.
Quelle plaintive voix crie au fond de mon
 cœur !
Quel crime j'ai commis ! est-il vrai, Dieu ven-
 geur ?

JOCASTE.

Seigneur, c'en est assez, ne parlons plus de
 crime :
A ce Peuple expirant il faut une victime,

TRAGEDIE.

Il faut sauver l'Etat, & c'est trop differer:
Epouse de Laïus, c'est à moi d'expirer;
C'est à moi de chercher sur l'infernale rive
D'un malheureux Epoux l'ombre errante &
 plaintive.
De ses mânes sanglans j'apaïserai les cris;
J'irai.. puissent les Dieux satisfaits à ce prix,
Contens de mon trépas n'en point exiger d'au-
 tre,
Et que mon sang versé puisse épargner le vôtre.

OEDIPE.

Vous mourir, vous, Madame! ah! n'est-ce
 point assez
De tant de maux affreux sur ma tête amassés?
Quittez, Reine, quittez ce langage terrible.
Le sort de votre époux est déja trop horrible,
Sans que de nouveaux traits venant me déchi-
 rer,
Vous me donniez encore votre mort à pleurer.
Suivez mes pas, rentrons; il faut que j'éclair-
 cisse
Un soupçon que je forme avec trop de justice.
Venez.

JOCASTE.

Comment, Seigneur, vous pourriez...

OEDIPE

 Suivez-moi,
Et venez dissiper, ou combler mon effroi.

Fin du troisiéme Acte.

ACTE IV.
SCENE I.
ŒDIPE, JOCASTE.

ŒDIPE.

NON, quoique vous difiez, mon ame in-
  quiétée
De foupçons importuns n'eft pas moins agitée.
Le grand Prêtre me gêne, & prêt à l'excufer,
Je commence en fecret moi-même à m'accufer.
Sur tout ce qu'il m'a dit plein d'une horreur
  extrême,
Je me fuis en fecret interrogé moi-même ;
Et mille événemens de mon ame effacés
Se font offerts en foule à mes efprits glacés.
Le paffé m'interdit, & le prefent m'accable ;
Je lis dans l'avenir un fort épouvantable,
Et le crime par-tout femble fuivre mes pas.

JOCASTE.
Hé quoi ! votre vertu ne vous raffure pas ?
N'êtes-vous pas enfin fûr de votre innocence ?

ŒDIPE.
On eft plus criminel quelquefois qu'on ne
  penfe.

JOCASTE.
Ah ! d'un Prêtre indifcret dédaignant les fu-
  reurs,
Ceffez de l'excufer par ces lâches terreurs.

ŒDIPE.
Madame, au nom des Dieux, fans vous parler
  du refte,

TRAGEDIE.

Quand Laïus entreprit ce voyage funeste,
Avoit-il près de lui des gardes, des soldats?

JOCASTE.

Je vous l'ai déja dit, un seul suivoit ses pas.

OEDIPE.

Un seul homme?

JOCASTE.

Ce Roi plus grand que sa fortune,
Dédaignoit comme vous une pompe impor-
 tune :
On ne voyoit jamais marcher devant son Char
D'un Bataillon nombreux le fastueux rampart:
Au milieu des Sujets soumis à sa puissance,
Comme il étoit sans crainte, il marchoit sans
 défense ;
Par l'amour de son Peuple il se croyoit gardé.

OEDIPE.

O Héros ! par le Ciel aux mortels accordé,
Des véritables Rois exemple auguste & rare,
Œdipe a-t'il sur toi porté sa main barbare ?
Dépeignez-moi du moins ce Prince malheu-
 reux.

JOCASTE.

Puisque vous rapellez un souvenir fâcheux,
Malgré le froid des ans dans sa mâle vieillesse,
Ses yeux brilloient encor du feu de sa jeunesse;
Son front cicatrisé sous ses cheveux blanchis,
Imprimoit le respect aux mortels interdits ;
Et si j'ose, Seigneur, dire ce que j'en pense,
Laïus eut avec vous assez de ressemblance ;
& je m'aplaudissois de retrouver en vous,
Ainsi que les vertus, les traits de mon Epoux,
Seigneur, qu'à ce discours qui doive vous sur-
 prendre ?

OE D I P E.

J'entrevois des malheurs que je ne puis comprendre ;
Je crains que par les Dieux le Pontife inspiré
Sur mes destins affreux ne soit trop éclairé.
Moi, j'aurois massacré ! Dieux ! seroit-il possible ?

JOCASTE.

Cet organe des Dieux est-il donc infaillible ?
Un ministere saint les attache aux autels :
Ils aprochent des Dieux ; mais ils sont des mortels.
Pensez-vous qu'en effet au gré de leur demande
Du vol de leurs Oiseaux la vérité dépende ?
Que sous un fer sacré des taureaux gémissans
Dévoilent l'avenir à leurs regards perçans,
Et que de leurs festons ces victimes ornées
Des humains dans leurs flancs portent les destinées ?
Non, non, chercher ainsi l'obscure vérité,
C'est usurper les droits de la Divinité.
Nos Prêtres ne font point ce qu'un vain Peuple pense,
Notre crédulité fait toute leur science.

OE D I P E.

Ah Dieux ! s'il étoit vrai, quel seroit mon bonheur ?

JOCASTE.

Seigneur, il est trop vrai, croyez-en ma douleur.
Comme vous autrefois pour eux préoccupée,
Hélas ! pour mon malheur je fus bien détrompée,
Et le Ciel me punit d'avoir trop écouté
D'un Oracle imposteur la fausse obscurité.

Il

Il m'en couta mon fils: Oracles, que j'abhorre,
Sans vos ordres, sans vous, mon fils vivroit
　encore.
OEDIPE.
Votre fils ! par quels coups l'avez-vous donc
　perdu ?
Quel oracle sur vous les Dieux ont-ils rendu ?
JOCASTE.
Aprenez, aprenez dans ce péril extrême,
Ce que j'aurois voulu me cacher à moi-même;
Et d'un Oracle faux ne vous alarmez plus.

Seigneur, vous le sçavez, j'eus un fils de
　Laïus.
Sur le sort de mon fils ma tendresse inquiéte
Consulta de nos Dieux la fameuse interpréte.
Quelle fureur, hélas ! de vouloir arracher
Des secrets que le sort a voulu nous cacher !
Mais enfin j'étois mere, pleine de foiblesse,
Je me jettai craintive aux pieds de la Prêtresse.
Voici ses propres mots; j'ai dû les retenir;
Pardonnez si je tremble à ce seul souvenir.
» Ton fils tuera son pere, & ce fils sacrilége,
» Inceste & parricide... ô Dieux ! acheverai-
　je ?
OEDIPE.
Hé bien, Madame ?
JOCASTE.
　　　　Enfin, Seigneur, on me prédit
Que mon fils, que ce Monstre entreroit dans
　mon lit;
Que je le recevrois, moi, Seigneur, moi
　sa mere,
Dégoutant dans mes bras du meurtre de son
　pere;

Et que tous deux unis par ces liens affreux,
Je donnerois des fils à mon fils malheureux.
Vous vous troublez, Seigneur, à ce récit funeste,
Vous craignez de m'entendre & d'écouter le reste.

OEDIPE.

Ah Madame ! achevez... dites... que fîtes-vous
De cet enfant, l'objet du céleste courroux ?

JOCASTE.

Je crus les Dieux, Seigneur, & saintement cruelle,
J'étouffai pour mon fils mon amour maternelle,
En vain de cet amour l'impérieuse voix
S'opposoit à nos Dieux & condamnoit leurs loix,
Il faut dérober cette tendre victime
Au fatal ascendant qui l'entraînoit au crime ;
Et pensant triompher des horreurs de son sort,
J'ordonnai par pitié qu'on lui donnât la mort.
O pitié criminelle autant que malheureuse !
O d'un Oracle faux obscurité trompeuse !
Quel fruit me revient-il de mes barbares soins ?
Mon malheureux époux n'en expira pas moins ;
Dans le cours triomphant de ses destins prospères
Il fut assassiné par des mains étrangères.
Ce ne fut point son fils qui lui porta ces coups,
Et j'ai perdu mon fils sans sauver mon époux.
Que cet exemple affreux puisse au moins vous instruire ;
Bannissez cet effroi qu'un Prêtre vous inspire,
Profitez de ma faute, & calmez vos esprits.

OEDIPE.

Après le grand secret que vous m'avez apris,
Il est juste à mon tour que ma reconnoissance
Fasse de mes destins l'horrible confidence.
Lorsque vous aurez sçu par ce triste entretien
Le raport effrayant de votre sort au mien,
Peut-être ainsi que moi fremirez-vous de crainte.

   Le destin m'a fait naître au Thrône de Corinthe ;
Cependant de Corinthe & du Thrône éloigné,
Je vois avec horreur les lieux où je suis né.
Un jour, ce jour affreux présent à ma pensée,
Jette encor la terreur dans mon ame glacée :
Pour la premiere fois par un don solemnel
Mes mains jeunes encore enrichissoient l'Autel.
Du Temple tout à coup les combles s'entrouvrirent ;
De traits affreux de sang les Marbres se couvrirent,
De l'Autel ébranlé par de longs tremblemens
Une invisible main repoussoit mes presens ;
Et les vents au milieu de la foudre éclatante,
Porterent jusqu'à moi cette voix effrayante :
» Ne viens plus des lieux saints souiller la pureté,
» Du nombre des vivans les Dieux t'ont rejetté;
» Ils ne reçoivent point tes offrandes impies,
» Va porter tes presens aux autels des Furies :
» Conjure leurs serpens prêts à te déchirer ;
» Va, ce sont-là les Dieux que tu dois implorer.
Tandis qu'à la frayeur j'abandonnois mon ame,
Cette voix m'annonça, le croirez-vous, Madame,
Tout l'assemblage affreux des forfaits inouïs,

D 2

Dont le Ciel autrefois menaça votre fils,
Me dit que je serois l'assassin de mon pere.
JOCASTE.
Ah Dieux !
OEDIPE.
Que je serois le mari de ma mere.
JOCASTE.
Où suis-je ? quel Démon en unissant nos cœurs,
Cher Prince, a pu dans nous rassembler tant d'horreurs ;
OEDIPE.
Il n'est pas encor tems de répandre les larmes;
Vous aprendrez bien-tôt d'autres sujets d'alarmes.
Ecoutez-moi, Madame, & vous allez trembler.
Du sein de ma Patrie il fallut m'exiler.
Je craignis que ma main malgré moi criminelle,
Aux destins ennemis ne fût un jour fidelle ;
Et suspect à moi-même, à moi-même odieux,
Ma vertu n'osa point lutter contre les Dieux.
Je m'arrachai des bras d'une mere éplorée ;
Je partis, je courus de contrée en contrée,
Je déguisai par-tout ma naissance & mon nom,
Un ami de mes pas fut le seul compagnon.
Dans plus d'une avanture en ce fatal voyage,
Le Dieu qui me guidoit seconda mon courage,
Heureux si j'avois pu dans l'un de ces combats
Prévenir mon destin par un noble trépas !
Mais je suis réservé sans doute au parricide.
Enfin je me souviens qu'aux champs de la Phocide,
(Et je ne conçois pas par quel enchantement
J'oubliois jusqu'ici ce grand événement ;

TRAGEDIE.

La main des Dieux sur moi si long-tems suspen-
    due
Semble ôter le bandeau qu'ils mettoient sur ma
    vue.
Dans un chemin étroit je trouvai deux guer-
    riers,
Sur un char éclatant que traînoient deux cour-
    siers.
Il falut disputer dans cet étroit passage
Des vains honneurs du pas le frivole avantage.
J'étois jeune & superbe, & nourri dans un
    rang
Où l'on puisa toujours l'orgueil avec le sang :
Inconnu, dans le sein d'une terre étrangere,
Je me croyois encor au Thrône de mon pere ;
Et tous ceux, qu'à mes yeux le sort venoit
    offrir,
Me sembloient mes sujets, & faits pour m'o-
    béir.
Je marche donc vers eux, & ma main furieuse
Arrête des coursiers la fougue impétueuse.
Loin du char à l'instant ces guerriers élancés
Avec fureur sur moi fondent à coups pressés.
La victoire entre nous ne fut point incertaine,
Dieux puissans ! je ne sçais si c'est faveur ou
    haine ;
Mais sans doute pour moi contr'eux vous com-
    battiez,
Et l'un & l'autre enfin tomberent à mes pieds.
L'un d'eux, il m'en souvient, déja glacé par
    l'âge,
Couché par la poussiere observoit mon visage ;
Il me tendit les bras, il voulut me parler,
De ses yeux expirans je vis des pleurs couler ;
Moi-même en le perçant, je sentis dans mon
    ame,

D 3

Tout vainqueur que j'étois... vous frémissez, Madame.
JOCASTE.
Seigneur, voici Phorbas, on le conduit ici.
OEDIPE.
Hélas! mon doute affreux va donc être éclairci.

SCENE II.

ŒDIPE, JOCASTE, PHORBAS, Suite.

ŒDIPE.

Viens, malheureux Vieillard, viens, aproche... à sa vuë
D'un trouble renaissant je sens mon ame émuë;
Un confus souvenir vient encore m'affliger;
Je tremble de le voir & de l'interroger.

PHORBAS.

Hé bien, est-ce aujourd'hui qu'il faut que je périsse?
Grande Reine, avez-vous ordonné mon suplice?
Vous ne fûtes jamais injuste que pour moi.

JOCASTE.

Rassurez-vous, Phorbas, & répondez au Roi.

PHORBAS.

Au Roi!

JOCASTE.

C'est devant lui que je vous fais paraître.

PHORBAS.

O Dieux! Laïus est mort, & vous êtes mon Maître,
Vous, Seigneur?

OEDIPE.

Epargnons les discours superflus :
Tu fus le seul témoin du meurtre de Laïus ;
Tu fus blessé, dit-on, en voulant le défendre.

PHORBAS.

Seigneur, Laïus est mort, laissez en paix sa cendre ;
N'insultez point du moins au malheureux destin
D'un fidéle sujet blessé de votre main.

OEDIPE.

Je t'ai blessé ? qui ? moi ?

PHORBAS.

Contentez votre envie,
Achevez de m'ôter une importune vie.
Seigneur, que votre bras, que les Dieux ont trompé,
Verse un reste de sang qui vous est échapé ;
Et puisqu'il vous souvient de ce sentier funeste
Où mon Roi...

OEDIPE.

Malheureux, épargne-moi le reste.
J'ai tout fait, je le vois, c'en est assez. ô Dieux !
Enfin après quatre ans vous dessillez mes yeux.

JOCASTE.

Hélas ! il est donc vrai !

OEDIPE.

Quoi ! c'est toi que ma rage
Attaqua vers Daulis en cet étroit passage ?
Oui, c'est toi, vainement je cherche à m'abuser ;
Tout parle contre moi, tout sert à m'accuser,
Et mon œil étonné ne peut te méconnoître.

D 4

ŒDIPE.
PHORBAS.
Il est vrai sous vos coups j'ai vu tomber mon
    Maître ;
Vous avez fait le crime, & j'en fus soupçonné;
J'ai vécu dans les fers, & vous avez régné.
OEDIPE.
Va, bien tôt à mon tour je te rendrai justice;
Va, laisse-moi du moins le soin de mon suplice;
Laisse-moi, sauve-moi de l'affront douloureux
De voir un innocent que j'ai fait malheureux.

SCENE III.
ŒDIPE, JOCASTE.
ŒDIPE.

Jocaste... car enfin la fortune jalouse
  M'interdit à jamais le tendre nom d'épouse,
Vous voyez mes forfaits, libre de votre foi,
Frapez, délivrez-vous de l'horreur d'être à
    moi.
JOCASTE.
Helas !
OEDIPE.
      Prenez ce fer, instrument de ma rage,
Qu'il vous serve aujourd'hui pour un plus juste
    usage,
Plongez-le dans mon sein.
JOCASTE.
            Que faites-vous, Seigneur ?
Arrêtez, modérez cette aveugle douleur,
Vivez.
OEDIPE.
Quelle pitié pour moi vous intéresse ?
Je dois mourir.

TRAGEDIE.

JOCASTE.
Vivez, c'est moi qui vous en presse,
Ecoutez ma priere.

OEDIPE.
Ah ! je n'écoute rien;
J'ai tué votre époux.

JOCASTE.
Mais vous êtes le mien.

OEDIPE.
Je le suis par le crime.

JOCASTE.
Il est involontaire.

OEDIPE.
N'importe, il est commis.

JOCASTE.
O comble de misére !

OEDIPE.
O trop funeste hymen ! ô feux jadis si doux !

JOCASTE.
Ils ne sont point éteints, vous êtes mon époux.

OEDIPE.
Non, je ne le suis plus, & ma main ennemie
N'a que trop bien rompu le saint nœud qui
    nous lie.
Je remplis ces climats du malheur qui me suit:
Redoutez-moi, craignez le Dieu qui me pour-
    suit;
Ma timide vertu ne sert qu'à me confondre,
Et de moi desormais je ne puis plus répondre.
Peut-être de ce Dieu partageant le courroux,
L'horreur de mon destin s'étendra jusqu'à vous.
Ayez du moins pitié de tant d'autres victimes;
Frapez, ne craignez rien, vous m'épargnez
    des crimes.

D 5

JOCASTE.

Ne vous accusez point d'un destin si cruel,
Vous êtes malheureux, & non pas criminel.
Dans ce fatal combat que Daulis vous vit rendre,
Vous ignoriez quel sang vos mains alloient répandre ;
Et sans trop rapeller cet affreux souvenir,
Je ne puis que me plaindre, & non pas vous punir.
Vivez...

OEDIPE.

Moi que je vive ! il faut que je vous fuie.
Hélas ! où traînerai-je une mourante vie ?
Sur quels bords malheureux, dans quels tristes climats
Ensévelir l'horreur qui s'attache à mes pas ?
Irai-je errant encore, & me fuyant moi-même,
Mériter par le meurtre un nouveau diadême ?
Irai-je dans Corinthe, où mon triste destin
A des crimes plus grands réserve encor ma main ?
Corinthe, que jamais ta détestable rive...

SCENE IV.

ŒDIPE, JOCASTE, DIMAS.

DIMAS.

Seigneur en ce moment un étranger arrive ;
Il se dit de Corinthe, & demande à vous voir.

OEDIPE.

Allons, dans un moment je vais le recevoir.

TRAGEDIE.

A Jocaste.
Adieu; que de vos pleurs la source se dissipe.
Vous ne reverrez plus le malheureux Œdipe :
C'en est fait, j'ai régné, vous n'avez plus d'é-
 poux,
En cessant d'être Roi, je cesse d'être à vous.
Je Pars: je vais chercher dans ma douleur mor-
 telle,
Des Pais où ma main ne soit point criminelle ;
Et vivant loin de vous sans Etats, mais en Roi,
Justifier les pleurs que vous versez pour moi.

Fin du quatriéme Acte.

ACTE V.
SCENE I.
ŒDIPE, HIDASPE, DIMAS.
ŒDIPE.

FINISSEZ vos regrets & retenez vos lar-
 mes,
Vous plaignez mon exil, il a pour moi des
 charmes.
Ma fuite à vos malheurs assûre un prompt se-
 cours,
En perdant votre Roi vous conservez vos jours.
Du sort de tout ce Peuple il est tems que j'or-
 donne.
J'ai sauvé cet Empire en arrivant au Thrône ;
J'en descendrai du moins comme j'y suis monté,
Ma gloire me suivra dans mon adversité.
Mon destin fut toujours de vous rendre la vie,

Je quitte mes enfans, mon Thrône, ma Patrie,
Ecoutez-moi du moins pour la derniere fois,
Puisqu'il vous faut un Roi, consultez en mon choix ;
Philoctete est puissant, vertueux intrépide,
Un Monarque est son pere (*), il fut l'ami d'Alcide,
Que je parte & qu'il régne ; allez chercher Phorbas,
Qu'il paroisse à mes yeux, qu'il ne me craigne pas.
Il faut de mes bontés lui laisser quelque marque,
Et descendre du moins de mon Thrône en Monarque.
Que l'on fasse aprocher l'étranger devant moi ;
Vous, demeurez.

SCENE II.

ŒDIPE, HIDASPE, ICARE, Suite.

ŒDIPE.

Icare, est-ce vous que je vois ?
Vous de mes premiers ans sage dépositaire,
Vous digne favori de Polibe mon pere,
Quel sujet important vous conduit parmi nous ?

ICARE.

Seigneur, Polibe est mort.

ŒDIPE.

Ah ! que m'aprenez-vous ?
Mon pere...

_____
(*) Il étoit fils du Roi d'Eubée, aujourd'hui Négrepont.

TRAGEDIE.

ICARE.

A son trépas vous deviez vous attendre.
Dans la nuit du tombeau les ans l'ont fait descendre ;
Ses jours étoient remplis, il est mort à mes yeux.

OEDIPE.

Qu'êtes-vous devenus, oracles de nos Dieux ?
Vous qui faisiez trembler ma vertu trop timide,
Vous qui me prépariez l'horreur d'un parricide,
Mon pere est chez les morts, & vous m'avez trompé.
Malgré vous dans son sang mes mains n'ont point trempé :
Ainsi de mon erreur esclave volontaire,
Occupé d'écarter un mal imaginaire,
J'abandonnois ma vie à des malheurs certains,
Trop crédule artisan de mes tristes destins.
O Ciel ! & quel est donc l'excès de ma misere ?
Si le trépas des miens me devient nécessaire ;
Si trouvant dans leur perte un bonheur odieux,
Pour moi la mort d'un pere est un bienfait des Dieux.
Allons, il faut partir ; il faut que je m'aquite
Des funebres tributs que la cendre mérite.
Partons : vous vous taisez, je vois vos pleurs couler ;
Que ce silence !...

ICARE.

O Ciel ! oserai-je parler ?

OEDIPE.

Vous reste-t'il encor des malheurs à m'aprendre ?

ICARE.

Un moment sans témoins daignerez-vous m'entendre?

OEDIPE à sa suite.

Allez, retirez-vous... Que va-t'il m'annoncer?

ICARE

A Corinthe, Seigneur, il ne faut plus penser.
Si vous y paroissez, votre mort est jurée.

OEDIPE.

Hé! qui de mes Etats me défendroit l'entrée?

ICARE.

Du Sceptre de Polibe un autre est l'héritier.

OEDIPE.

Est-ce assez? & ce trait sera-t'il le dernier?
Poursuis, Destin, poursuis, tu ne pouras m'abattre.
Hé bien j'allois régner, Icare, allons combattre.
A mes lâches Sujets courons me presenter.
Parmi ces malheureux prompts à se révolter,
Je puis trouver du moins un trépas honorable.
Mourant chez les Thébains je mourrois en coupable,
Je dois périr en Roi. Quels sont mes ennemis?
Parle, quel étranger sur mon Thrône est assis?

ICARE.

Le gendre de Polibe; & Polibe lui-même
Sur son front en mourant a mis le diadême.
A son Maître nouveau tout le peuple obéit.

OEDIPE.

Hé quoi! mon pere aussi, mon pere me trahit?
De la rebellion mon pere est le complice?
Il me chasse du Thrône?

TRAGEDIE.

ICARE.
Il vous a fait justice :
Vous n'étiez point son fils.

OEDIPE.
Icare...

ICARE.
Avec regret
Je révéle en tremblant ce terrible secret :
Mais il le faut, Seigneur, & toute la Province...

OEDIPE.
Je ne suis point son fils ?

ICARE.
Non, Seigneur, & ce Prince
A tout dit en mourant ; de ses remors pressé
Pour le sang de nos Rois il vous a renoncé,
Et moi de son secret confident & complice,
Craignant du nouveau Roi la sévére justice,
Je venois implorer votre apui dans ces lieux.

OEDIPE.
Je n'étois point son fils ! & qui suis-je, grands Dieux ?

ICARE.
Le Ciel qui dans mes mains a remis votre enfance,
D'une profonde nuit couvre votre naissance ;
Et je sçais seulement qu'en naissant condamné,
Et sur un mont desert à périr destiné,
La lumiere sans moi vous eût été ravie.

OEDIPE.
Ainsi donc mon malheur commence avec ma vie ;
J'étois dès le berceau l'horreur de ma Maison.
Où tombai-je en vos mains ?

ICARE.
Sur le mont Citheron.

OEDIPE.
Près de Thébes ?
ICARE.
Un Thébain qui se dit votre pere
Exposa votre enfance en ce lieu solitaire.
Quelque Dieu bienfaisant guida vers vous mes pas,
La pitié me saisit, je vous prens dans mes bras,
Je ranime dans vous la chaleur presque éteinte,
Vous vivez, & bien-tôt je vous porte à Corinthe.
Je vous presente au Prince : admirez votre sort,
Le Prince vous adopte au lieu de son fils mort;
Et par ce coup adroit, sa politique heureuse,
Affermit pour jamais sa puissance douteuse.
Sous le nom de son fils vous futes élevé
Par cette même main qui vous avoit sauvé.
Mais le Thrône en effet n'étoit point votre place,
L'intérêt vous y mit, le remors vous en chasse.
OEDIPE
O vous qui présidez aux fortunes des Rois,
Dieux ! faut-il en un jour m'accabler tant de fois ?
Et préparant vos coups par vos trompeurs oracles,
Contre un foible mortel épuiser les miracles ?
Mais ce Vieillard, ami, de qui tu m'as reçu,
Depuis ce tems fatal ne l'as-tu jamais vu ?
ICARE.
Jamais : & le trépas vous a ravi peut-être
Le seul qui vous eût dit le sang qui vous fit naître ;
Mais long-tems de ses traits mon esprit occupé,

TRAGEDIE.

De son image encore est tellement frapé,
Que je le connoîtrois, s'il venoit à paroître.

OEDIPE.

Malheureux! hé pourquoi chercher à le con-
noître?
Je devrois bien plutôt d'accord avec les Dieux,
Chérir l'heureux bandeau qui me couvre les
yeux.
J'entrevois mon destin; ces recherches cruelles
Ne me découvriront que des horreurs nou-
velles.
Je le sçais; mais malgré les maux que je prévoi,
Un desir curieux m'entraîne loin de moi.
Je ne puis demeurer dans cette incertitude;
Le doute en mon malheur est un tourment
trop rude;
J'abhorre le flambeau dont je veux m'éclairer;
Je crains de me connoître, & ne puis m'i-
gnorer.

SCENE III.

OEDIPE, ICARE, PHORBAS.

OEDIPE.

AH! Phorbas, aprochez.

ICARE.
Ma surprise est extrême,
Plus je le vois, & plus.... Ah! Seigneur, c'est
lui-même,
C'est lui.

PHORBAS à Icare.
Pardonnez-moi, si vos traits inconnus....

ŒDIPE,

ICARE.

Quoi ! du mont Citheron ne vous souvient-il plus ?

PHORBAS.

Comment ?

ICARE.

Quoi ! cet enfant qu'en mes mains vous remîtes,
Cet enfant qu'au trépas...

PHORBAS.

Ah ! qu'est-ce que vous dites ?
Et de quel souvenir venez-vous m'accabler ?

ICARE.

Allez, ne craignez rien, cessez de vous troubler.
Vous n'avez en ces lieux que des sujets de joïe;
Œdipe est cet enfant.

PHORBAS.

Que le Ciel te foudroye.
Malheureux, qu'as-tu dit ?

ICARE *à Oedipe*.

Seigneur, n'en doutez pas,
Quoique ce Thébain dise, il vous mit dans mes bras.
Vos destins sont connus, & voilà votre pere.

OEDIPE.

O sort qui me confond ! ô comble de misere !

A Phorbas.

Je serois né de vous... le Ciel auroit permis
Que votre sang versé...

PHORBAS

Vous n'êtes point mon fils.

OEDIPE.

Hé quoi ! n'avez-vous pas exposé mon enfance?

TRAGEDIE.

PHORBAS
Seigneur, permettez-moi de fuïr votre preſence,
Et de vous épargner cet horrible entretien.
OEDIPE
Phorbas, au nom des Dieux, ne me déguiſe rien.
PHORBAS.
Partez, Seigneur, fuïez vos enfans & la Reine.
OEDIPE.
Répons-moi ſeulement, la réſiſtance eſt vaine.
Cet enfant par toi-même à la mort deſtiné,
En montrant Icare.
Le mis-tu dans ſes bras?
PHORBAS
Oui, je le lui donnai.
Que ce jour ne fût-il le dernier de ma vie!
OEDIPE.
Quel étoit ſon païs?
PHORBAS.
Thébes étoit ſa Patrie.
OEDIPE.
Tu n'étois point ſon pere?
PHORBAS.
Hélas! il étoit né
D'un ſang glorieux & plus infortuné.
OEDIPE.
Quel étoit-il enfin?
PHORBAS *ſe jette aux genoux du Roi.*
Seigneur, qu'allez-vous faire?
OEDIPE.
Acheve, je le veux.
PHORBAS!
Jocaſte étoit ſa mere.

ICARE.
Et voilà donc le fruit de mes généreux soins!
PHORBAS
Qu'avons-nous fait tous deux?
OEDIPE.
Je n'attendois pas moins.
ICARE
Seigneur....
OEDIPE.
Sortez, cruels, sortez de ma presence,
De vos affreux bienfaits craignez la récompense ;
Fuïez, à tant d'horreurs par vous seuls réservé,
Je vous punirois trop de m'avoir conservé.

SCENE IV.

OEDIPE.

LE voilà donc rempli, cet oracle execrable,
Dont ma crainte a pressé l'effet inévitable,
Et je me vois enfin par un mélange affreux
Inceste, & parricide, & pourtant vertueux.
Miserable vertu, nom stérile & funeste,
Toi par qui j'ai réglé des jours que je déteste,
A mon noir ascendant tu n'as pu résister,
Je tombois dans le piége en voulant l'éviter ;
Un Dieu plus fort que moi m'entraînoit vers le crime,
Sous mes pas fugitifs il creusoit un abîme ;
Et j'étois malgré moi dans mon aveuglement,
D'un pouvoir inconnu l'esclave & l'instrument.
Voilà tous mes forfaits, je n'en connois point d'autres ;

TRAGEDIE.

Impitoyables Dieux, mes crimes sont les vô-
   tres,
Et vous m'en punissez... où suis-je ! quelle nuit
Couvre d'un voile affreux la clarté qui nous
   luit ?
Ces murs sont teints de sang, je vois les Eu-
   menides
Secouer leurs flambeaux vengeurs des parri-
   cides.
Le tonnerre en éclats semble fondre sur moi,
L'Enfer s'ouvre... ô Laïus ! ô mon pere ! est-ce
   toi ?
Je vois, je reconnois la blessure mortelle
Que te fit dans le flanc cette main criminelle.
Punis-moi, venge-toi d'un Monstre détesté,
D'un Monstre qui souilla les flancs qui l'ont
   porté ;
Aproché, entraîne-moi dans les demeures
   sombres,
J'irai de mon suplice épouvanter les Ombres.
Viens, je te suis.

SCENE V.

ŒDIPE, JOCASTE, EGINE, LE CHŒUR.

JOCASTE.

SEigneur, dissipez mon effroi,
Vos redoutables cris ont été jusqu'à moi.

OEDIPE.

Terre, pour m'engloutir entr'ouvre tes abî-
   mes.

JOCASTE.

Quel malheur imprévu vous accable ?

ŒDIPE,

OEDIPE.
       Mes crimes.

JOCASTE.

Seigneur.

OEDIPE.

Fuyez, Jocaste.

JOCASTE
      Ah trop cruel époux !

OEDIPE

Malheureuse ! arrêtez, quel nom prononcez-
  vous ?
Moi votre époux ! quitez ce titre abominable
Qui nous rend l'un à l'autre un objet execrable.

JOCASTE.

Qu'entens-je ?

OEDIPE.
 C'en est fait, nos desseins sont remplis.
Laïus étoit mon pere, & je suis votre fils.
Il sort.

I. PERSONNAGE DU CHOEUR.

O crime !

II. PERSONNAGE DU CHOEUR.
  O jour affreux ! jour à jamais terrible !

JOCASTE

Egine, arrache-moi de ce Palais horrible.

EGINE.

Hélas !

JOCASTE
 Si tant de maux ont dequoi te toucher,
Si ta main sans frémir peut encor m'aprocher,
Aide-moi, soutiens-moi, prens pitié de ta
 Reine.

I. PERSONNAGE DU CHOEUR

Dieux, est-ce donc ainsi que finit votre haine ?
Reprenez, reprenez vos funestes bienfaits,
Cruels, il valoit mieux nous punir à jamais.

SCENE VI.

JOCASTE, EGINE, LE GRAND-PRESTRE, LE CHOEUR.

LE GRAND-PRESTRE.

PEuples, un calme heureux écarte les tempêtes,
Un soleil plus serein se leve sur vos têtes ;
Les feux contagieux ne sont plus allumés,
Vos tombeaux qui s'ouvroient sont déja refermés,
La Mort fuit, & le Dieu du Ciel & de la Terre
Annonce ses bontés par la voye du tonnerre.

Ici on entend gronder la foudre, & on voit briller les éclairs.

JOCASTE.

Quels éclats ! Ciel ! où suis-je ? & qu'est-ce que j'entens ?
Barbares !...

LE GRAND-PRESTRE.

C'en est fait, & les Dieux sont contens.
Laïus du sein des morts cesse de vous poursuivre,
Il vous permet encor de regner & de vivre ;
Le sang d'Œdipe enfin suffit à son courroux.

LE CHOEUR.

Dieux !

JOCASTE.

O mon fils ! hélas ! dirai-je mon Epoux ?
O des noms les plus chers assemblage effroyable !
Il est donc mort ?

LE GRAND-PRESTRE.

Il vit, & le fort qui l'accable
Des morts & des vivans semble le séparer;
Il s'est privé du jour avant que d'expirer.
Je l'ai vu dans ses yeux enfoncer cette épée;
Qui du sang de son pere avoit été trempée;
Il a rempli son sort, & ce moment fatal
Du salut des Thébains est le premier signal.
Tel est l'ordre du Ciel, dont la fureur se lasse:
Comme il veut aux mortels il fait justice ou
 grace;
Ses traits sont épuisés sur ce malheureux fils.
Vivez, il vous pardonne.

JOCASTE.

Et moi je me punis.

Elle se frape.

Par un pouvoir affreux réservée à l'inceste,
La mort est le seul bien, le seul Dieu qui me
 reste.
Laïus, reçois mon sang, je te suis chez les morts:
J'ai vécu vertueuse, & je meurs sans remors.

LE CHOEUR.

O malheureuse Reine! ô destin que j'abhorre!

JOCASTE.

Ne plaignez que mon fils, puisqu'il respire en-
 core,
Prêtres, & vous Thébains, qui fûtes mes sujets,
Honorez mon bucher, & songez à jamais,
Qu'au milieu des horreurs du destin qui m'o-
 prime,
J'ai fait rougir les Dieux qui m'ont forcé au
 crime.

Fin du cinquiéme & dernier Acte.

LA
MARIAMNE,
TRAGÉDIE.

AVERTISSEMENT.

LA Mariamne fut jouée en 1723. pour la premiere fois. Baron qu'on a surnommé l'Æsopus des François, joüa le Rôle d'Hérode ; mais il étoit trop vieux pour soutenir ce caractére violent. Adrienne le Couvreur, la meilleure Comédienne qui ait jamais été representa Mariamne. L'Auteur faisoit mourir cette Princesse par le poison, & on le lui donnoit sur le Théâtre. C'étoit vers le tems des Rois que la piéce fut jouée, un Petit-Maître dans le Parterre, voyant donner la coupe empoisonnée à Mariamne, s'avisa de crier la Reine boit. *Tous les François se mirent à rire*, & *la piéce ne fut point achevée. On la redonna l'année suivante. On fit pour Mariamne un autre genre de mort. La piéce eut 40. representations.*

Le Sr Rousseau, qui commençoit à être un peu jaloux de l'Auteur, fit alors une Mariamne d'après l'ancienne piéce de Tristan; il l'envoya aux Comédiens qui n'ont jamais pu la jouer, & au libraire Didot qui n'a jamais pu la vendre. Ce fut-là l'origine de la longue querelle entre notre Auteur & Rousseau.

PREFACE.

JE ne donne cette Edition qu'en tremblant. Tant d'Ouvrages que j'ai vûs aplaudis au Théâtre, & méprisez à la lecture, me font craindre pour le mien le même sort. Une ou deux situations, l'art des Acteurs, la docilité que j'ai fait paroître, ont pu m'attirer des suffrages aux représentations ; mais il faut un autre mérite pour soutenir le grand jour de l'impression. C'est peu d'une conduite réguliére. Ce seroit peu même d'intéresser. Tout Ouvrage en Vers, quelque beau qu'il soit d'ailleurs, sera nécessairement ennuyeux, si tous les Vers ne sont pas pleins de force & d'harmonie, si on n'y trouve pas une élégance continue, si la piéce n'a point ce charme inexprimable de la Poësie, que le génie seul peut donner, où l'esprit ne sçauroit jamais atteindre, & sur lequel on raisonne si mal, & si inutilement depuis la mort de Monsieur Despreaux.

C'est une erreur bien grossière de s'imaginer que les Vers soyent la derniére partie d'une piéce de Théâtre, & celle qui doit le moins coûter. M. Racine, c'est-à-dire, l'homme de la terre, qui après Virgile a le mieux connu l'art des vers, ne pensoit pas ainsi. Deux années entiéres lui suffirent à peine pour écrire sa PHEDRE. Pradon se vante d'avoir composé la sienne en moins de trois mois. Comme le succès passager des representations d'une Tragédie ne dépend point du stile, mais des Acteurs & des situations, il arriva que les deux Phédres semblerent d'abord avoir une égale destinée ; mais l'impression régla bien-tôt le rang de l'une & de l'autre. Pradon, selon la coutume des mauvais Auteurs, eut beau faire une Préface insolente, dans laquelle il traitoit ses critiques de malhonnêtes gens : sa piéce tant vantée par sa cabale & par lui, tomba dans le mépris qu'elle mérite ; & sans la Phédre de Monsieur Racine, on ignoreroit aujourd'hui que Pradon en a composé une.

Mais d'où vient enfin cette distance si prodigieuse entre ces deux ouvrages ? la conduite en est à peu près la même : Phédre est mourante dans l'une & dans l'autre. Thésée est absent dans les premiers Actes : il passe pour avoir été aux Enfers avec Pirithoüs : Hippolite son fils veut quitter Trezène ; il veut fuir Aricie qu'il aime. Il déclare sa passion à Aricie, & reçoit avec horreur celle de Phédre ; il meurt du même genre de mort, & son Gouverneur fait le recit de sa mort.

Il y a plus. Les personnages des deux piéces se trouvant dans les mêmes situations, disent presque les mêmes choses ; mais c'est-là qu'on distingue le grand Homme, & le mauvais Poëte. C'est lorsque Racine & Pradon pensent de même qu'ils sont les plus différens. En voici un exemple bien sensible, dans la déclaration d'Hippolite à Aricie. Monsieur Racine fait ainsi parler Hippolite.

Moi qui contre l'amour fièrement révolté,
Aux fers de ses captifs ai long-tems insulté ;
Qui des foibles mortels déplorant les naufra-
    ges,

PRÉFACE.

Pensois toujours du bord contempler les ota-
    ges,
Asservi maintenant sous la commune Loi,
Par quel trouble me vois-je emporté loin de
    moi ?
Un moment a vaincu mon audace imprudente.
Cette ame si superbe est enfin dépendante.
Depuis près de six mois honteux desespéré,
Portant par-tout le trait, dont je suis déchiré,
Contre vous, contre moi, vainement je m'é-
    prouve,
Présente je vous fuis, absente je vous trouve.
Dans le fonds des Forêts votre image me suit,
La lumiere du jour, les ombres de la nuit :
Tout retrace à mes yeux les charmes que j'évite;
Tout vous livre à l'envi le rebelle Hippolite.
Moi-même pour ton fruit de mes soins su-
    perflus,
Maintenant je me cherche, & ne me trouve plus.
Mon arc, mes javelots, mon char, tout m'im-
    portune,
Je ne me souviens plus des leçons de Neptune.
Mes seuls gémissemens font retentir les bois,
Et mes coursiers oisifs ont oublié ma voix.

Voici comment Hippolite s'exprime dans Pradon.

Assez & trop long-tems, d'une bouche profane,
Je méprisai l'Amour, & j'adorai Diane ;
Solitaire, farouche, on me voyoit toujours
Chasser dans nos forêts, les lions & les ours ;
Mais un soin plus pressant m'occupe & m'em-
    barrasse.
Depuis que je vous vois j'abandonne la chasse.

Elle fit autrefois mes plaisirs les plus doux,
Et quand j'y vais, ce n'est que pour penser à
　　vous.

On ne sçauroit lire ces deux piéces de comparaison, sans admirer l'une, & sans rire de l'autre. C'est pourtant dans toutes les deux le même fond de sentimens, & de pensées. Car quand il s'agit de faire parler les passions, tous les hommes ont presque les mêmes idées. Mais la façon de les exprimer distingue l'homme d'esprit d'avec celui qui n'en a point; l'homme de génie d'avec celui qui n'a que de l'esprit; & le Poëte d'avec celui qui veut l'être.

Pour parvenir à écrire comme Monsieur Racine, il faudroit avoir son génie & polir autant que lui ses ouvrages. Quelle défiance ne dois-je donc point avoir, moi qui né, avec des talens si foibles, & accablé par des maladies continuelles, n'ai ni le don de bien imaginer, ni la liberté de corriger par un travail assidu les défauts de mes ouvrages ? Je sens avec déplaisir toutes les fautes qui sont dans la contexture de cette piéce, aussi-bien que dans la diction. J'en aurois corrigé quelques-unes, si j'avois pu retarder cette édition ; mais j'en aurois encore laissé beaucoup. Dans tous les Arts il y a un terme par delà lequel on ne peut plus avancer. On est resserré dans les bornes de son talent ; on voit la perfection au-delà de soi, & on fait des efforts impuissans pour y atteindre.

Je ne ferai point une critique détaillée de cette piéce : les Lecteurs la feront assez sans moi. Mais je crois qu'il est nécessaire que je parle ici d'une critique générale qu'on a faite sur le choix du sujet de Mariamne. Comme le génie des François est de saisir vivement le côté ridicule des choses les plus sé-

PREFACE.

rieuses : on disoit que le sujet de Mariamne n'etoit autre chose qu'*un vieux mari amoureux & brutal, à qui sa femme refuse avec aigreur le devoir conjugal.* Et on ajoutoit qu'une querelle de ménage ne pouvoit jamais faire une Tragédie. Je suplie qu'on fasse avec moi quelques réflexions sur ce préjugé.

Les Piéces tragiques sont fondées ou sur les intérêts de toute une nation ou sur les intérêts particuliers de quelques Princes. De ce premier genre sont l'*Iphigénie en Aulide*, où la Grece assemblée, demande le sang du fils d'Agamemnon : *les Horaces*, où trois combattans ont entre les mains le sort de Rome : l'*Oedipe*, où le salut des Thébains dépend de la découverte du meurtre de Laïus. Du second genre sont *Britanicus*, *Phèdre*, *Mithridate*, &c.

Dans ces trois derniers tout l'intérêt est renfermé dans la famille du Héros de la Piéce : Tout roule sur des passions que des bourgeois ressentent comme les Princes. Et l'intrigue de ces ouvrages est aussi propre à la Comédie, qu'à la Tragédie. Otez les noms, *Mithridate n'est qu'un Vieillard amoureux d'une jeune fille : ses deux fils en sont amoureux aussi ; & il se sert d'une ruse assez basse pour découvrir celui des deux qui est aimé.*

Phèdre est une belle-mere, qui enhardie par une intrigante, fait des propositions à son beau-fils, lequel est occupé ailleurs.

Néron est un jeune homme impétueux qui devient amoureux tout d'un coup : qui dans le moment veut se séparer d'avec sa femme, & se cache derriere une Tapisserie pour écouter les discours de sa Maîtresse. Voilà des sujets que Moliére a pu traiter comme Racine. Aussi l'intrigue de l'Avare est-elle précisément la même que celle de Mithridate. Harpagon & le Roi de Pont sont deux Vieillards amoureux ; l'un & l'autre ont leur fils pour rival ; l'un & l'autre se servent

E 5

du même artifice, pour découvrir l'intelligence qui est entre leur fils & leur Maîtresse: & les deux Piéces finissent par le mariage du jeune homme.

Moliére & Racine ont également réussi, en traitant ces deux intrigues : l'un a amusé, a réjoui, a fait rire les honnêtes gens; l'autre a attendri, a effrayé, a fait verser des larmes. Moliére a joué l'amour ridicule d'un vieil Avare : Racine a représenté les foiblesses d'un grand Roi, les a renduës respectables.

Que l'on donne une noce à peindre, à Vato, & à le Brun. L'un representera sous une treille des Païsans pleins d'une joye naïve, grossiére & effrenée, autour d'une table rustique, où l'yvresse, l'emportement, la débauche, le rire immoderé régneront. L'autre peindra les noces de Pelée & de Thétis, le festin des Dieux, leur joye majestueuse. Et tous deux seront arrivés à la perfection de leur art, par des chemins différens.

On peut apliquer tout ces exemples à *Marianne*. La mauvaise humeur d'une femme, l'amour d'un vieux mari, les *tracasseries* d'une belle-sœur, sont de petits objets comiques par eux-mêmes. Mais un Roi à qui la terre a donné le nom de *Grand*, éperdument amoureux de la plus belle femme de l'Univers: la passion furieuse de ce Roi si fameux par ses vertus & par ses crimes, ses cruautés passées, ces remors presens: ce passage si continuel & si rapide de l'amour à la haine, & de la haine à l'amour: l'ambition de sa sœur, les intrigues de ses Ministres, la situation cruelle d'une Princesse dont la vertu & la beauté sont célebres encore dans le monde : qui avoit vû son pere & son frere livrés à la mort par son mari, & qui pour comble de douleur se voyoit aimée du meurtrier de sa famille; quel champ ! quelle carriere pour un autre génie que le

PRÉFACE.

mien! Peut-on dire qu'un tel sujet soit indigne de la Tragédie?

Je souhaite sincérement que le même Auteur qui va donner une nouvelle Tragédie d'Œdipe, retouche aussi le sujet de Mariamne. Il fera voir au Public quelles ressources un génie fecond peut trouver dans ces deux grands sujets. Ce qu'il fera, m'aprendra ce que j'aurois dû faire : ses succès me seront chers, parce qu'ils seront pour moi des leçons, & parce que je préfere la perfection de mon art à ma réputation.

Je profite de l'occasion de cette Préface, pour avertir que le Poëme de la Ligue que j'ai promis, n'est point celui dont on a plusieurs éditions, & qu'on débite sous mon nom. Sur-tout je desavouë celui qui est imprimé à Amsterdam chez *Jean-Fréderic Bernard* en 1724. On y a ajouté beaucoup de piéces fugitives, dont la plûpart ne sont point de moi. Et le petit nombre de celles qui m'apartiennent, y est entiérement défiguré.

ACTEURS.

VARUS, Préteur Romain, Gouverneur de Syrie.

HERODE, Roi de Palestine.

MARIAMNE, Femme d'Hérode.

SALOME', Sœur d'Hérode.

ALBIN, Confident de Varus.

MAZAEL, } Ministres d'Hérode.
IDAMAS, }

NABAL, ancien Officier des Rois Asmonéens.

ELIZE, Confidente de Mariamne.

Un Garde d'Hérode, parlant.

Suite de Varus.

Suite d'Hérode.

Une Suivante de Mariamne, muette.

La Scene est à Jerusalem.

MARIAMNE TRAGEDIE.

LA MARIAMNE, *TRAGÉDIE.*

ACTE PREMIER.
SCENE I.
SALOMÉ, MAZAEL.

MAZAEL.

QUI, cette autorité qu'Hérode vous confie,
Est par-tout reconnuë, & par-tout affermie.
J'ai volé vers Azor, & repassé soudain,
Des champs de Samarie aux sources du Jourdain.
Madame, il étoit tems que du moins ma presence.
Des Hébreux inquiets confondit l'espérance.

Hérode votre frere à Rome retenu,
Déja dans ses Etats n'étoit plus reconnu.
Le Peuple pour ces Rois toujours plein d'in-
　justices,
Hardi dans ses discours, aveugle en ses caprices,
Publioit hautement qu'à Rome condamné,
Hérode à l'esclavage étoit abandonné ;
Et que la Reine assise au rang de ses ancêtres,
Feroit régner sur nous, le sang de nos Grands-
　Prêtres.
Je l'avoue à regret, j'ai vu dans tous les lieux
Mariamne adorée, & son nom précieux.
Israël aime encore avec idolatrie,
Le sang de ces Héros dont elle tient la vie.
Sa beauté, sa naissance, & sur-tout ses malheurs,
D'un peuple qui nous hait ont séduit tous les
　cœurs.
Et leurs vœux indiscrets la nommant Souve-
　raine,
Sembloient vous annoncer une chute certaine.
J'ai vu par ces faux bruits tout un Peuple
　ébranlé ;
Mais j'ai parlé, Madame, & ce Peuple a tremblé.
Je leur ai peint Hérode avec plus de puissance,
Rentrant dans ses Etats suivi de la vengeance ;
Son nom seul a par-tout répandu la terreur,
Et les Juifs en silence ont pleuré leur erreur.
　　　　　SALOMÉ.
Vous ne vous trompiez point. Hérode va pa-
　roître ;
L'indocile Sion va trembler sous son Maître.
Il enchaîne à jamais la Fortune à son char ;
Le favori d'Antoine est l'ami de César ;
Sa politique habile, égale à son courage,
De sa chute imprévue a réparé l'outrage.
Le Sénat le couronne.

TRAGEDIE.
MAZAEL.
Hé ! que deviendrez-vous ?
Quand la Reine en ces lieux reverra son époux,
De votre autorité cette fiére rivale,
Madame, auprès du Roi, vous fut toujours fatale :
Son esprit orgueilleux qui n'a jamais plié,
Conserve encor pour vous la même inimitié.
Elle vous outragea, vous l'avez offensée ;
A votre abaissement elle est interessée ;
Hé ! ne craignez-vous plus ces charmes tout-puissans,
Du malheureux Hérode impérieux tyrans !
Depuis près de cinq ans qu'un fatal hymenée,
D'Hérode & de la Reine unit la destinée,
L'amour prodigieux dont ce prince est épris,
Se nourrit par la haine & croit par le mépris.
Vous avez vu cent fois ce Monarque inflexible,
Déposer à ses pieds sa Majesté terrible ;
Et chercher dans ses yeux irrités ou distraits,
quelques regards plus doux qu'il ne trouvoit jamais.
Vous l'avez vu frémir, soupirer & se plaindre,
La flater, l'irriter, la menacer la craindre ;
Cruel dans son amour, soumis dans ses fureurs,
Esclave en son palais, Héros par-tout ailleurs.
Que dis-je ! en punissant une ingrate famille,
Fumant du sang du pere il adoroit la fille :
Le fer encor sanglant & que vous excitiez,
Etoit levé sur elle, & tomboit à ses pieds.
Il est vrai que dans Rome éloigné de sa vue,
Sa chaîne de si loin sembloit s'être rompue ;
Mais c'en est fait, Madame, il rentre en ses Etats,
Il l'aimoit, il verra ses dangereux apas ;

Ces yeux toujours puissans, toujours sûrs de lui plaire,
Reprendront malgré-vous leur empire ordinaire,
Et tous ses ennemis bien-tôt humiliés,
A ses moindres regards seront sacrifiés.
Otons-lui, croyez-moi, l'intérêt de nous nuire,
Songeons à la gagner, n'ayant pu la détruire,
Et par de vains respects, par des soins assidus...

SALOMÉ.

Il est d'autres moyens de ne la craindre plus.

MAZAEL.

Quel est donc ce dessein ? que prétendez-vous dire ?

SALOMÉ.

Peut-être en ce moment notre ennemie expire.

MAZAEL.

D'un coup si dangereux, osez-vous vous charger,
Sans que le Roi...

SALOMÉ.
　　　Le Roi consent à me venger.
Zarès est arrivé, Zarès est dans Solime,
Ministre de ma haine il attend sa victime;
Le lieu, le tems, le bras, tout est choisi par lui.
Il vint hier de Rome, & nous venge aujourd'hui.

MAZAEL.

Quoi! vous avez enfin gagné cette victoire?
Quoi! malgré son amour, Hérode a pu vous croire?
Il vous la sacrifie! Il prend de vous des loix!

SALOMÉ.

Je puis encor sur lui bien moins que tu ne crois.
Pour arracher de lui cette lente vengeance,
Il m'a falu choisir le tems de son absence.
Tant qu'Hérode en ces lieux demeuroit exposé

TRAGEDIE.

Aux charmes dangereux qui l'ont tyrannisé :
Mazaël, tu m'as vue avec inquiétude,
Traîner de mon destin la triste incertitude.
Quand par mille détours assurant mes succès,
De son cœur soupçonneux j'avois trouvé l'accès :
Quand je croyois son ame à moi seule rendue;
Il voyoit Mariamne, & j'étois confondue.
Un coup d'œil renversoit ma brigue & mes desseins,
La Reine a vu cent fois mon sort entre ses mains :
Et si sa politique avoit avec adresse
D'un époux amoureux ménagé la tendresse ;
Cet ordre, cet arrêt prononcé par son Roi,
Ce coup que je lui porte auroit tombé sur moi.
Mais son farouche orgueil a servi ma vengeance:
J'ai sçu mettre à profit sa fatale imprudence.
Elle a voulu se perdre, & je n'ai fait enfin
Que lui lancer les traits qu'a préparés sa main.

Tu te souviens assez de ce tems plein d'alarmes,
Lorsqu'un bruit si funeste à l'espoir de nos armes,
Aprit à l'Orient, étonné de son sort,
Qu'Auguste étoit, vainqueur, & qu'Antoine étoit mort.
Tu sçais comme à ce bruit nos Peuples se troublerent.
De l'Orient vaincu les Monarques tremblerent.
Mon frere envelopé dans ce commun malheur,
Crut perdre sa Couronne avec son protecteur.
Il falut sans s'armer d'une inutile audace,
Au Vainqueur de la Terre aller demander grace.

Rapelle en ton esprit ce jour infortuné ;
Songe à quel desespoir Hérode abandonné,
Vit son épouse altiére abhorrant ses aproches,
Détestant ses adieux, l'accablant de reproches,
Redemander encor en ce moment cruel,
Et le sang de son frere, & le sang paternel.
Hérode auprès de moi vint déplorer sa peine :
Je saisis cet instant précieux à ma haine :
Dans son cœur déchiré je repris mon pouvoir,
J'enflammai son courroux, j'aigris son desespoir,
J'empoisonnai le trait dont il sentoit l'atteinte :
Tu le vis plein de trouble & d'horreur & de
 crainte,
Jurer d'exterminer les restes dangereux
D'un sang toujours trop cher aux perfides Hé-
 breux ;
Et dès ce même instant sa facile colere,
Deshérita les fils, & condamna la mere.

Mais sa fureur encor flatoit peu mes souhaits,
L'amour qui la causoit en repoussoit les traits;
De ce fatal objet telle étoit la puissance ;
Un regard de l'ingrate arrêtoit la vengeance,
Je pressai son départ, il partit. Et depuis
Mes Lettres chaque jour ont nourri ses ennuis.
Ne voyant plus la Reine, il vit mieux son
 outrage ;
Il eut honte en secret de son peu de courage :
De moment en moment ses yeux se sont ou-
 verts,
J'ai levé le bandeau qui les avoit couverts :
Zarès étudiant le moment favorable,
A péint à son esprit cette Reine implacable,
Son crédit, ses amis, ces Juifs séditieux,
Du sang Asmonéen, partisans factieux.

J'ai fait plus, j'ai moi-même armé fa jaloufie.
Il a craint pour fa gloire, il a craint pour fa vie.
Tu fçais que dès long-tems en bute aux trahi-
 fons,
Son cœur de toutes parts eft ouvert aux foup-
 çons.
Il croit ce qu'il redoute, & dans fa défiance
Il confond quelquefois le crime & l'innocence.
Enfin j'ai fçu fixer fon courroux incertain,
Il a figné l'arrêt, & j'ai conduit fa main.

MAZAEL.

Il n'en faut point douter, ce coup eft nécef-
 faire,
Mais avez-vous prévu fi ce Préteur auftére,
Qui, fous les loix d'Augufte, a remis cet Etat,
Verroit d'un œil tranquile un pareil attentat?
Varus, vous le fçavez, eft ici votre maître.
En vain le Peuple Hébreu prompt à vous re-
 connoître,
Tremble encor fous le poids de ce Thrône
 ébranlé:
Votre pouvoir n'eft rien fi Rome n'a parlé.
Avant qu'en ce palais, des mains de Varus
 même,
Votre frere ait repris l'autorité fuprême,
Il ne peut fans bleffer l'orgueil du nom Ro-
 main,
Dans fes Etats encor agir en Souverain.
Varus fouffrira-t-il que l'on ofe à fa vue,
Immoler une Reine en fa garde reçue?
Je connois les Romains; leur efprit irrité
Vengera le mépris de leur autorité.
Vous allez fur Hérode attirer la tempête;
Dans leurs fuperbes mains, la foudre eft tou-
 jours prête.

Ces Vainqueurs soupçonneux sont jaloux de leurs droits,
Et sur-tout leur orgueil aime à punir les Rois.

SALOMÉ.

Non, non, l'heureux Hérode à César a sçu plaire;
Varus en est instruit, Varus le considere.
Croyez-moi, ce Romain voudra le ménager;
Mais, quoi qu'il fasse enfin, songeons à nous venger.
Je touche à ma grandeur, & je crains ma disgrace,
Demain, dès aujourd'hui, tout peut changer de face.
Qui sçait même, qui sçait, si passé ce moment,
Je pourrai satisfaire à mon ressentiment?
Qui vous a répondu qu'Hérode en sa colere,
D'un esprit si constant jusqu'au bout persévére?
Je connois sa tendresse, il la faut prévenir,
Et ne lui point laisser le tems du repentir.
Qu'après Rome menace, & que Varus foudroye,
Leur courroux passager troublera peu ma joye.
Mes plus grands ennemis ne sont pas les Romains.
Mariamne en ces lieux est tout ce que je crains;
Il faut que je périsse, ou que je la prévienne,
Et si je n'ai sa tête, elle obtiendra la mienne.
Mais Varus vient à nous; il le faut éviter.
Zarès à mes regards devoit se presenter.
Je vais l'attendre, allez, & qu'aux moindres alarmes
Mes Soldats en secret puissent prendre les Armes.

SCENE II.
VARUS, ALBIN, MAZAEL,
Suite de *Varus*.

VARUS.

Salomé & Mazaël semblent fuïr devant moi:
Dans leurs yeux étonnez, je lis leur juste effroi:
Le crime à mes regards doit craindre de paraître.
Mazaël demeurez : mandez à votre Maître,
Que ses cruels desseins sont déja découverts ;
Que son ministre infâme est ici dans les fers ;
Et que Varus peut-être au milieu des suplices,
Eût dû faire expirer ce Monstre... & ses complices.
Mais je respecte Hérode assez pour me flater,
Qu'il connoîtra le piége où l'on veut l'arrêter,
Qu'un jour il punira les traîtres qui l'abusent,
Et vengera sur eux la vertu qu'ils accusent.
Vous si vous m'en croyez, pour lui, pour son honneur,
Calmez de ses chagrins la honteuse fureur :
Ne l'empoisonnez plus de vos lâches maximes:
Songez que les Romains sont les vengeurs des crimes,
Que Varus vous connoît, qu'il commande en ces lieux ;
Et que sur vos complots il ouvrira les yeux.
Allez que Mariamne en reine soit servie ;
Et respectez ses loix si vous aimez la vie.

MARIAMNE,
MAZAEL.
Seigneur...
VARUS.
Vous entendez mes ordres abſolus,
obéiſſez, vous dis-je, & ne repliquez plus.

SCENE. III.

VARUS, ALBIN.

VARUS.

Ainſi donc ſans tes ſoins, ſans ton avis fidéle
Mariamne expiroit ſous cette main cruelle?

ALBIN.

Le retour de Zarès n'étoit que trop ſuſpect,
Le ſoin miſterieux d'éviter votre aſpect,
Son trouble, ſon effroi fut mon premier indice.

VARUS.

Que ne te dois-je point pour un ſi grand ſervice!
C'eſt par toi qu'elle vit : c'eſt par toi que mon
   cœur
A goûté, cher Albin, ce ſolide bonheur,
Ce bien ſi précieux pour un cœur magnanime,
D'avoir pû ſecourir la vertu qu'on oprime.

ALBIN.

Je reconnois Varus à ces ſoins généreux.
Votre bras fut toujours l'apui des malheureux,
Quand de Rome en vos mains vous portiez le
   tonnerre,
Vous étiez occupé du bonheur de la terre.
Puiſſiez-vous ſeulement écouter en ce jour,
Votre noble pitié plûtôt que votre amour!

TRAGEDIE.

VARUS.
Ah ! faut-il donc l'aimer pour prendre sa défense ?
Qui n'auroit comme moi chéri son innocence ?
Quel cœur indifférent n'iroit à son secours ?
Et qui pour la sauver n'eût prodigué ses jours ?

ALBIN.
Ainsi l'amour trompeur dont vous sentez la flamme,
Se déguise en vertu pour mieux vaincre votre ame ;
Et ce feu malheureux...

VARUS.
         Je ne m'en défens pas.
L'infortuné Varus adore ses apas.
Je l'aime, il est trop vrai, mon ame toute nue,
Ne craint point, cher Albin, de paroître à ta vue :
Juge si son péril a dû troubler mon cœur !
Moi qui borne à jamais mes vœux à son bonheur,
Moi qui rechercherois la mort la plus affreuse,
Si ma mort un moment pouvoit la rendre heureuse.

ALBIN.
Seigneur, que dans ces lieux ce grand cœur est changé !
Qu'il venge bien l'amour qu'il avoit outragé !
Je ne reconnois plus ce Romain si sévére,
Qui parmi tant d'objets empressés à lui plaire,
N'a jamais abaissé ses superbes regards,
Sur ces beautés que Rome enferme en ses ramparts.

VARUS.
Ne t'en étonne point ; tu sçais que mon courage

A la seule vertu réserva son hommage.
Dans nos murs corrompus ces coupables beautés,
Offroient de vains attraits à mes yeux revoltés.
Je fuyois leurs complots, leurs brigues éternelles,
Leurs amours passagers, leurs vengeances cruelles.
Je voyois leur orgueil accrû du deshonneur,
Se montrer triomphans sur leur front sans pudeur.
L'altiére ambition, l'intérêt, l'artifice,
La folle vanité, le frivole caprice,
Chez les Romains séduits prenans le nom d'amour,
Gouverner Rome entiere, & regner tour à tour.
J'abhorrois, il est vrai, leur indigne conquête,
A leur joug odieux je dérobois ma tête ;
L'amour dans l'Orient fut enfin mon vainqueur.
De la triste Syrie établi gouverneur,
J'arrivai dans ces lieux, quand le droit de la guerre
Eut au pouvoir d'Auguste abandonné la terre ;
Et qu'Hérode à ses pieds au milieu de cent Rois,
De son sort incertain vint attendre des loix.
Lieu funeste à mon cœur ! malheureuse contrée !
C'est-là que Mariamne à mes yeux s'est montrée :
L'Univers étoit plein du bruit de ses malheurs.
Son parricide époux faisoit couler ses pleurs.
Ce roi si redoutable au reste de l'Asie,

Fa-

TRAGEDIE.

Fameux par ses exploits & par sa jalousie,
Prudent, mais soupçonneux; vaillant, mais inhumain,
Au sang de son beau-pere avoit trempé sa main.
Sur ce trône sanglant il laissoit en partage
A la fille des rois la honte & l'esclavage.
Du sort qui la poursuit tu connois la rigueur.
Sa vertu, cher Albin, surpasse son malheur.
Loin de la cour des Rois la Vérité proscrite,
L'aimable Vérité sur ses levres habite.
Son unique artifice est le soin généreux,
D'assurer des secours aux jours des malheureux.
Son devoir est sa loi, sa tranquile innocence
Pardonne à son tyran, méprise sa vengeance,
Et près d'Auguste encore implore mon apui,
Pour ce barbare époux qui l'immole aujourd'hui.

Tant de vertus enfin, de malheurs & de charmes
Contre ma liberté sont de trop fortes armes.
Je l'aime, cher Albin, mais non d'un fol amour,
Que le caprice enfante & détruit en un jour;
Non d'une passion que mon ame troublée
Reçoive avidement par l'amour aveuglée.
Ce cœur qu'elle a vaincu sans l'avoir amoli,
Par un amour honteux ne s'est point avili.
Et plein du noble feu que sa vertu m'inspire,
Je prétens la venger, & non pas la séduire.

ALBIN.

Mais si le Roi Seigneur, a fléchi les Romains,
S'il rentre en ses états...

Tome II.

VARUS.
Et c'eſt ce que je crains.
Hélas ! prés du Sénat je l'ai ſervi moi-même.
Sans doute il a déja reçu ſon diadême !
Et cet indigne arrêt que ſa bouche a dicté,
Eſt le premier eſſai de ſon autorité.
Ah ! ſon retour ici lui peut être funeſte.
Mon pouvoir va finir, mais mon amour me reſte.
Reine pour vous défendre on me verra périr.
L'Univers doit vous plaindre, & je dois vous ſervir.

Fin du premier Acte.

ACTE II.

SCENE I.

SALOMÉ, MAZAEL.

SALOMÉ.

ENfin vous le voyez, ma haine eſt confondue.
Mariamne triomphe, & Salomé eſt perdue.
Zarès fut ſur les eaux trop long-tems arrêté,
La mer alors tranquile à regret l'a porté.
Mais Hérode en partant pour ſon nouvel empire,
Revole avec les vents vers l'objet qui l'attire,
Et les mers & l'amour, & Varus & le Roi,
Le ciel, les élémens, ſont armés contre moi.
Fatale ambition que j'ai trop écoutée,

TRAGEDIE.

Dans quel abyme affreux m'as-tu précipitée ?
Je vous l'avois bien dit, que dans le fond du cœur
Le Roi se repentoit de sa juste rigueur.
De son fatal panchant l'ascendant ordinaire,
A révoqué l'arrêt dicté dans sa colere.
J'en ai déja reçu les funestes avis,
Et Zarès à son Roi renvoyé par mépris,
Ne me laisse en ces lieux qu'une douleur stérile,
Qu'un oprobre éternel, & qu'un crime inutile.
Déja de ma rivale adorant la faveur,
Le peuple à ma disgrace insulte avec fureur.
Je verrai tout plier sous sa grandeur nouvelle,
Et mes foibles honneurs éclipsés devant elle.
Mais c'est peu que sa gloire irrite mon dépit ;
Ma mort va signaler ma chute & son crédit.
Je ne me flate point : je sçais comme en sa place
De tous mes ennemis je confondrois l'audace.
Ce n'est qu'en me perdant qu'elle pourra regner ;
Et son juste courroux ne doit point m'épargner.
Cependant ! ô contrainte ! ô comble d'infamie !
Il faut donc qu'à ses yeux ma fierté s'humilie !
Je viens avec respect essuyer ses hauteurs,
Et la féliciter sur mes propres malheurs.

MAZAEL.

Contre elle encor, Madame, il vous reste des armes.
J'ai toujours redouté le pouvoir de ses charmes :
J'ai toujours craint du Roi les sentimens secrets ;
Mais si je m'en raporte aux avis de Zarès,
La colere d'Hérode autrefois peu durable,
Est enfin devenue une haine implacable.
Il déteste la Reine, il a juré sa mort :
Et s'il suspend le coup qui terminoit son sort,

F 2

C'est qu'il veut ménager sa nouvelle puissance,
Et lui-même en ces lieux assurer sa vengeance.
Mais soit qu'enfin son cœur en ce funeste jour,
Soit aigri par la haine, ou fléchi par l'amour,
C'est assez qu'une fois il ait proscrit sa tête,
Mariamne aisément grossira la tempête :
La foudre gronde encor : un arrêt si cruel
Va mettre entr'eux, Madame, un divorce éternel.
Vous verrez Mariamne, à soi-même inhumaine,
Forcer le cœur d'Hérode à ranimer sa haine ;
Irriter son époux par de nouveaux dédains,
Et vous rendre les traits qui tombent de vos mains,
De sa perte en un mot, reposez-vous sur elle.

SALOMÉ.

Non, cette incertitude est pour moi trop cruelle.
Non, c'est par d'autres coups que je veux la fraper :
Dans un piége plus sûr, il faut l'enveloper.
Contre mes ennemis mon intérêt m'éclaire.
Si j'ai bien de Varus observé la colere ;
Ce transport violent de son cœur agité,
N'est point un simple effet de générosité.
La tranquile pitié n'a point ce caractére.
La Reine a des apas, Varus a pu lui plaire
Ce n'est pas que mon cœur injuste en son dépit,
Dispute à sa beauté cet éclat qui la suit :
Que j'envie à ses yeux le pouvoir de leurs armes,
Ni ce flateur encens qu'on prodigue à ses charmes,
Qu'elle goûte à loisir ce dangereux bonheur,

TRAGEDIE.

Moi, je veux de mon Roi partager la grandeur,
Je veux qu'à mon parti la cour se réunisse,
Que sous mes volontés tout tremble, tout fléchisse ;
Voilà mes intérêts & mes vœux assidus.

Vous observez la Reine, examinez Varus,
Faites veiller sur eux les regards mercenaires,
De tous ces délateurs aujourd'hui nécessaires,
Qui vendent les secrets de leurs concitoyens,
Et dont cent fois les yeux ont éclairé les miens.
Mais, la voici. Pourquoi faut-il que je la voie ?

SCENE II.

MARIAMNE, ELISE, SALOMÉ, MAZAEL, NABAL.

SALOMÉ.

JE viens auprès de vous partager votre joie ;
Rome me rend un frere, & vous rend un époux,
Couronné, tout-puissant, & digne enfin de vous.
Son amour méprisé, son trop de défiance,
Avoit contre vos jours allumé sa vengeance.
Mais ce feu violent s'est bien-tôt consumé.
L'amour arma son bras, l'amour l'a desarmé.
Ses triomphes passez, ceux qu'il prépare encore,
Ce titre heureux de *Grand*, dont l'Univers l'honore,
Les droits du Sénat même à ses soins confiez,
Sont autant de presens qu'il va mettre à vos pieds.

Possédez désormais son ame & son Empire;
C'est ce qu'à vos vertus mon amitié désire.
Et je vais par mes soins serrer l'heureux lien,
Qui doit joindre à jamais votre cœur & le sien.

MARIAMNE.

Je ne prétens de vous, ni n'attens ce service.
Je vous connois, Madame, & je vous rends
　　justice.
Je sçais par quels complots, je sçais par quels
　　détours,
Votre haine impuissante a poursuivi mes jours.
Jugeant de moi par vous, vous me craignez
　　peut-être ;
Mais vous deviez du moins aprendre à me
　　connoître.
Ne me redoutez point ; je sçais également
Dédaigner votre crime, & votre châtiment.
J'ai vu tous vos desseins, & je vous les par-
　　donne.
C'est à vos seuls remors que je vous aban-
　　donne :
Si toutefois après de si lâches efforts,
Un cœur comme le vôtre écoute des remors.

SALOME'.

Je n'ai point mérité cette injuste colere.
Ma conduite, mes soins, & l'aveu de mon
　　frere.
Contre tous vos soupçons vont me justifier.

MARIAMNE.

Je vous l'ai déja dit, je veux tout oublier,
Dans l'état où je suis, c'est assez pour ma gloire:
Je puis vous pardonner, mais je ne puis vous
　　croire.

MAZAEL.

J'ose ici grande Reine, attester l'Eternel,

TRAGEDIE.

Que mes soins à regret...
MARIAMNE.
Arrêtez, Mazaël.
Vos excuses pour moi sont un nouvel outrage.
Obéissez au Roi, voilà votre partage.
A mes tyrans vendu, servez bien leur cour-
 roux,
Je ne m'abaisse pas à me plaindre de vous.
A Salomé.
Je ne vous retiens point ; & vous pouvez,
 Madame,
Aller aprendre au Roi les secrets de mon ame.
Dans son cœur aisément vous pouvez ranimer,
Un courroux que mes yeux dédaignent de
 calmer.
De tous vos délateurs armez la calomnie ;
J'ai laissé jusqu'ici leur audace impunie :
Et je n'opose encor à mes vils ennemis,
Qu'une vertu sans tache, & qu'un juste mé-
 pris.
MAZAEL.
Quel orgueil!
SALOMÉ.
Mazaël, on pourra le confondre,
Et c'est en me vengeant que je dois lui répon-
 dre.

SCENE III.

MARIAMNE, ELISE, NABAL.

ELISE.

AH! Madame, à ce point pouvez-vous irriter
Des ennemis ardans à vous persécuter !
La vengeance d'Hérode un moment suspendue,

Sur votre tête encor est peut-être étendue,
Et loin d'en détourner les redoutables coups,
Vous apellez la mort qui s'éloignoit de vous.
Vous n'avez plus ici de bras qui vous apuie,
Ce défenseur heureux de votre illustre vie,
Varus, aux nations qui bornent cet Etat,
Ira porter bien-tôt les ordres du Sénat.
Hélas ! grace à ses soins, grace à vos bontés même,
Rome à votre tyran donne un pouvoir suprême :
Il revient plus terrible & plus fier que jamais,
Vous le verrez armé de vos propres bienfaits:
Vous dépendrez ici de ce superbe maître,
D'autant plus dangereux qu'il vous aime peut-être ;
Et que cet amour même aigri par vos refus...

MRIAMNE.

Chere Elise en ces lieux faites venir Varus.
Je conçois vos raisons ; j'en demeure frapée :
Mais d'un autre intérêt mon ame est occupée ;
Par de plus grands objets mes vœux sont attirez.
Que Varus vienne ici ; vous Nabal demeurez.

SCENE IV.

MARIAMNE, NABAL.

MARIAMNE.

Vos vertus, votre zèle, & votre expérience,
Ont acquis dès long-tems toute ma confiance.
Mon cœur vous est connu vous sçavez mes desseins,

Et les maux que j'éprouve, & les maux que je crains.
Vous avez vu ma mere au desespoir réduite
Me presser en pleurant d'accompagner sa fuite.
Son esprit agité d'une juste terreur,
Croit à tous les momens voir Hérode en fureur,
Encor tout dégoutant du sang de sa famille,
Venir à ses yeux même assassiner sa fille.
Elle veut que mes fils portez entre nos bras,
S'éloignent avec nous de ces affreux climats.
Les vaisseaux des Romains, des bords de la Syrie,
Nous ouvrent sur les eaux les chemins d'Italie.
J'attens tout de Varus; d'Auguste, des Romains,
Je sçai qu'il m'est permis de fuir mes assassins,
Que c'est le seul parti que le destin me laisse.
Toutefois en secret, soit vertu, soit foiblesse,
Prête à fuir un époux, mon cœur fremit d'effroi
Et mes pas chancelans s'arrêtent malgré moi.

NABAL.

Cet effroi généreux n'a rien que je n'admire;
Tout injuste qu'il est, la vertu vous l'inspire;
Ce cœur indépendant des outrages du sort,
Craint l'ombre d'une faute, & ne craint point la mort.
Banissez toutefois ces alarmes secrétes.
Ouvrez les yeux, Madame, & voyez où vous êtes.
C'est-là que répandu par les mains d'un époux,
Le sang de votre Pere a rejailli sur vous.
Votre frere en ces lieux a vu trancher sa vie,
En vain de son trépas le Roi se justifie,
En vain César trompé l'en absout aujourd'hui,
L'Orient révolté n'en accuse que lui.

Regardez, consultez les pleurs de votre Mére,
L'affront fait à vos fils, le sang de votre Pere,
La cruauté du Roi, la haine de sa sœur,
Et ce que je ne puis prononcer sans horreur,
Mais dont votre vertu n'est point épouvantée,)
La mort en ce jour même à vos yeux presentée.
 Enfin si tant de maux ne vous étonnent pas,
Si d'un front assuré vous marchez au trépas :
Du moins de vos enfans embrassez la défense.
Le Roi leur a du thrône arraché l'espérance,
Et vous connoissez trop ces oracles affreux,
Qui depuis si long-tems vous font trembler pour eux.
Le ciel vous a prédit qu'une main étrangere,
Devoit un jour unir vos fils à votre Pere.
Un Arabe implacable a déja sans pitié,
De cet oracle obscur accompli la moitié.
Madame, après l'horreur d'un essai si funeste,
Sa cruauté sans doute, accompliroit le reste.
Dans ses emportemens rien n'est sacré pour lui.
Hé ! qui vous répondra que lui-même aujourd'hui,
Ne vienne exécuter sa sanglante menace,
Et des Asmonéens anéantir la race ?
Il est tems désormais de prevénir ses coups,
Il est tems d'épargner un meurtre à votre époux,
Et d'éloigner du moins de ces tendres victimes,
Le fer de vos tyrans, & l'exemple des crimes.
 Nourri dans ce palais près des rois vos ayeuls,
Je suis prêt à vous suivre en tout tems, en tous lieux.
Partez, rompez vos fers, allez dans Rome même,

Implorer du Sénat la justice suprême,
Remettre de vos fils la fortune en sa main,
Et les faite adopter par le Peuple Romain.
Qu'une vertu si pure aille étonner Auguste.
Si l'on vante à bon droit son regne heureux
    & juste,
Si la terre avec joye embrasse ses genoux,
S'il mérite sa gloire il fera tout pour vous.
MARIAMNE.
Je vois qu'il n'est plus tems que mon cœur
    délibere
Je cede à vos conseils, aux larmes de ma Mere:
Au danger de mes fils, au sort dont les ri-
    gueurs
Vont m'entraîner, peut-être en de plus grands
    malheurs.
Retournez chez ma Mere, allez ; quand la
    nuit sombre
Dans ces lieux criminels aura porté son ombre;
Qu'au fond de mon palais, on me vienne aver-
    tir.
On le veut, il le faut ; je suis prête à partir.

SCENE V.

MARIAMNE, VARUS, ELISE.

VARUS.

Je viens m'offrir, Madame, à vos ordres
    suprêmes.
Vos volontés, pour moi, sont les loix des
    Dieux mêmes.
Faut-il armer mon bras contre vos ennemis ?
Commandez, j'entreprens ; parlez & j'obéis.

MARIAMNE.

Je vous dois tout, Seigneur, & dans mon infortune,
Ma douleur ne craint point de vous être importune,
Ni de folliciter par d'inutiles vœux,
Les bontés d'un Héros, l'apui des malheureux.

Lorsqu'Hérode attendoit le thrône ou l'esclavage,
J'osai long-tems pour lui briguer votre suffrage.
Malgré ses cruautés, malgré mon desespoir,
Malgré mes intérêts, j'ai suivi mon devoir.
J'ai servi mon époux ; je le ferois encore.
Souffrez que pour moi-même enfin je vous implore.
Souffrez que je dérobe à d'inhumaines loix,
Les restes malheureux du pur sang de nos Rois.
J'aurois dû dès long-tems, loin d'un lieu si coupable,
Demander au Sénat un asile honorable.
Mais, Seigneur, je n'ai pu dans les troubles divers,
Dont vos divisions ont rempli l'Univers,
Chercher parmi l'effroi, la Guerre & les ravages,
Un port aux mêmes lieux d'où partoient les orages.

Auguste au monde entier donne aujourd'hui la paix.
Sur toute la Nature il répand ses bienfaits.
Après les longs travaux d'une guerre odieuse,
Ayant vaincu la terre il veut la rendre heureuse.
Du haut du Capitole il juge tous les Rois.

TRAGEDIE.

Et de ceux qu'on oprime il prend en main les droits.
Qui peut à ses bontés plus justement prétendre,
Que mes foibles enfans que rien ne peut défendre ;
Et qu'une mere en pleurs amene auprès de lui,
Du bout de l'Univers implorer son apui ?
Loin de ces lieux sanglants que le crime environne,
Je mettrai leur enfance à l'ombre de son thrône.
Ses généreuses mains pourront sécher nos pleurs.
Je ne demande point qu'il venge mes malheurs,
Que sur mes ennemis son bras s'apesantisse.
C'est assez que mes fils témoins de sa justice,
Formez par son exemple, & devenus Romains,
Aprennent à régner des maîtres des humains,
Pour conserver les fils, pour consoler la mere,
Pour finir tous mes maux, c'est en vous que j'espere.
Je m'adresse à vous seul, à vous, à ce grand cœur
De la simple vertu généreux protecteur ;
A vous, à qui je dois ce jour que je respire.
Seigneur, éloignez-moi de ce fatal empire.
Donnez-moi dans la nuit des guides assurés,
Jusques sur vos vaisseaux dans Sidon préparés,
Vous ne répondez rien. Que faut-il que je pense
De ces sombres regards, & de ce long silence ?
Je vois que mes malheurs excitent vos refus.

VARUS.

Non,... je respecte trop vos ordres absolus.
Mes Gardes vous suivront jusques dans l'Italie.
Disposez d'eux, de moi, de mon cœur, de ma vie.

Fuyez le Roi. Rompez vos nœuds infortunez.
Il est assez puni si vous l'abandonnez.
Il ne vous verra plus, grace à son injustice:
Et je sens qu'il n'est point de si cruel suplice...
Pardonnez-moi ce mot : il m'échape à regret;
La douleur de vous perdre a trahi mon secret.
Tout mon crime est connu. Mais malgré ma foiblesse,
Songez que mon respect égale ma tendresse.
Le malheureux Varus ne veut que vous servir,
Adorer vos vertus, vous venger & mourir.

MARIAMNE.

Je me flatois, Seigneur, & j'avois lieu de croire,
Qu'avec mes intérêts vous chérissiez ma gloire.
Et quand le grand Varus a conservé mes jours,
J'ai cru qu'à sa pitié je devois son secours.
Je ne m'attendois pas que vous dussiez vous-même,
Mettre aujourd'hui le comble à ma douleur extrême :
Ni que dans mes périls, il me falût jamais
Rougir de vos bontés, & craindre vos bienfaits.
Ne pensez pas pourtant, qu'un discours qui m'offense,
Vous ait rien dérobé de ma reconnoissance.
Ma constante amitié respecte encor Varus,
J'oublierai votre flâme, & non pas vos vertus.
Je ne veux voir en vous qu'un héros magnanime,
Qui jusqu'à ce moment mérita mon estime.
Un plus long entretien pourroit vous en priver,
Seigneur, & je vous fuis pour vous la conserver.

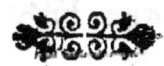

TRAGEDIE.

SCENE VI.
VARUS, ALBIN.

ALBIN.

Vous vous troublez, Seigneur, & changez de visage.

VARUS.

J'ai senti, je l'avoue, ébranler mon courage.
Ami pardonne au feu dont je suis consumé,
Ces foiblesses d'un cœur, qui n'avoit point
aimé.
Je ne connoissois pas tout le poids de ma
chaîne,
Je la sens à regret ; je la romps avec peine.
Avec quelle douceur, avec quelle bonté,
Elle imposoit silence à ma témérité !
Sans trouble & sans courroux, sa tranquile
sagesse,
M'aprenoit mon devoir, & plaignoit ma foi-
blesse.
J'adorois, cher Albin, jusques à ses refus.
J'ai perdu l'espérance ; & je l'aime encor plus.
A quelle épreuve, ô Dieu ! ma constance est
réduite !

ALBIN.
Etes-vous résolu de préparer sa fuite ?

VARUS.
Quel emploi !

ALBIN.
Pourrez-vous respecter ses rigueurs,
Jusques à vous charger du soin de vos malheurs?
Quel est votre dessein ?

VARUS.

Moi, que je l'abandonne!
Que je désobéisse aux loix qu'elle me donne!
Non, non, mon cœur est trop digne du sien,
Mariamne a parlé, je n'examine rien.
Que loin de ses tyrans, elle aille auprès d'Auguste.
Sa fuite est raisonnable & ma douleur injuste;
L'amour me parle en vain, je vole à mon devoir.
Je servirai la Reine, & même sans la voir.
Elle me laisse, au moins, la douceur éternelle,
D'avoir tout entrepris d'avoir tout fait pour elle.
Je brise ses liens ; je lui sauve le jour.
Je fais plus. Je lui veux immoler mon amour,
Et fuyant sa beauté, qui me séduit encore,
Egaler, s'il se peut, sa vertu que j'adore.

Fin du second Acte.

ACTE III.
SCENE I.
VARUS, NABAL, ALBIN,
Suite de Varus.

NABAL.

OUI, Seigneur, en ces lieux l'heureux Hérode arrive.
Les Hébreux pour le voir ont volé sur la rive.

Salomé qui craignoit de perdre son crédit,
Par ses conseils flateurs assiége son esprit.
Ses courtisans en foule autour de lui se rendent:
Les palmes dans les mains nos Pontifes l'attendent.
Idamas le devance, & député vers vous,
Il vient au nom d'Hérode embrasser vos genoux.
C'est ce même Idamas, cet Hébreu plein de zèle,
Qui toujours à la Reine est demeuré fidèle :
Qui sage courtisan d'un Roi plein de fureur,
A quelquefois d'Hérode adouci la rigueur :
Bien-tôt vous l'entendrez. Cependant Mariamne
Au moment de partir s'arrête, se condamne,
Ce grand projet l'étonne, & prête à le tenter:
Son austére vertu craint de l'exécuter :
Sa mere est à ses pieds, & le cœur plein d'alarmes,
Lui presente ses fils, la baigne de ses larmes :
La conjure en tremblant de presser son départ,
La Reine flotte, hésite, & partira trop tard.
C'est vous dont la bonté peut hâter sa sortie,
Vous avez dans vos mains la fortune & la vie
De l'objet le plus rare, & le plus précieux,
Que jamais à la terre ayent accordé les cieux.
Protegez, conservez une auguste famille,
Sauvez de tant de Rois la déplorable fille.
Vos gardes sont-ils prêts ? Puis-je enfin l'avertir ?

VARUS.

Oui, j'ai tout ordonné ; la Reine peut partir.

NABAL.

Souffrez donc qu'à l'instant un serviteur fidèle

Se prépare, Seigneur, à marcher après elle.
VARUS.
Allez sur mes vaisseaux accompagnez ses pas,
Ce séjour odieux ne la méritoit pas.
Qu'un dépôt si sacré soit respecté des ondes ;
Que le ciel attendri par ses douleurs profondes,
Fasse lever sur elle un Soleil plus serein.
Et vous, Vieillard heureux, qui suivez son destin,
Des serviteurs des Rois, sage & parfait modéle,
Votre sort est trop beau ; vous vivrez auprès d'elle.

SCENE II.
VARUS, ALBIN.

Suite de Varus.

VARUS.

Mais déja le Roi vient. Déja dans ce séjour,
Le son de la trompette annonce son retour.
Quel retour, justes Dieux ! Que je crains sa présence !
Le cruel peut d'un coup assûrer sa vengeance.
Plût au ciel que la Reine eût déja pour jamais
Abandonnés ces lieux consacrés aux forfaits !
Hélas ! je ne puis même accompagner sa fuite,
Plus je l'adore, (& plus il faut que je l'évite,)
C'est un crime pour moi d'oser suivre ses pas.
Et tout ce que je puis ... mais je vois Idamas.

SCENE III.
VARUS, IDAMAS, ALBIN.
Suite de Varus.

IDAMAS.

Avant que dans ces lieux mon Roi vienne lui-même
Recevoir de vos mains le sacré diadême,
Et vous soumettre un rang, qu'il doit à vos bontez ;
Seigneurs, souffrirez-vous ?...

VARUS.
    Idamas, arrêtez.
Le Roi peut s'épargner ces frivoles hommages,
De l'amitié des grands, importuns témoignages,
D'un peuple curieux trompeur amusement,
Qu'on étale avec pompe, & que le cœur dément.
Mais parlez ; Rome, enfin, vient de vous rendre un maître,
Hérode est Souverain il est digne de l'être ?
La Reine en ce moment est-elle en sûreté ?
Et le sang innocent sera-t-il respecté ?

IDAMAS.
Veuille le juste ciel formidable au parjure,
Ouvrir les yeux du Roi qu'aveugle l'imposture.
Mais qui peut pénétrer ses secrets sentimens,
Et de son cœur troublé les soudains mouvemens ?
Il observe avec nous un silence farouche.

Le nom de Mariamne échape de sa bouche.
Il menace, il soupire, il donne en frémissant,
Quelques ordres secrets, qu'ils révoque à l'in-
   stant.
D'un sang qu'il détestoit, Mariamne est for-
   mée ;
Il la hait d'autant plus qu'il l'avoit trop aimée.
Le perfide Zarès par votre ordre arrêté,
Et par votre ordre enfin remis en liberté,
Artisan de la fraude, & de la calomnie,
De Salomé, avec soin, servira la furie.
Mazaël en secret leur prête son secours.
Le soupçonneux Hérode écoute leurs discours;
Ils l'assiégent sans cesse; & leur haine attentive
Tient toujours loin de lui la vérité captive.
Ainsi ce conquérant, qui fit trembler les rois,
Ce Roi dont Rome même admira les exploits
De qui la renommée allarme encor l'Asie,
Dans sa propre maison voit sa gloire avilie :
Hai de son épouse, abusé par sa sœur,
Déchiré de soupçons, accablé de douleur,
J'ignore en ce moment le dessein qui l'entraîne.
Mais je le plains, Seigneur, & crains tout
   pour la Reine ;
Daignez la proteger...,

VARUS.

Il suffit, Idamas,
La Reine est en danger, Albin, suivez mes
   pas,
Venez c'est à moi seul de sauver l'innocence.

IDAMAS.

Seigneur, ainsi, du Roi vous fuirez la présence ?

VARUS.

Je sçai qu'en ce palais je dois le recevoir,

TRAGEDIE.

Le Sénat me l'ordonne & tel est mon devoir:
Mais un autre intérêt, un autre soin m'anime;
Et mon premier devoir est d'empecher le crime.

Il sort.

IDAMAS.

Quels orages nouveaux ! quel trouble je prévoi !
Puissant Dieu des Hébreux, changez le cœur du Roi.

SCENE IV.

HÉRODE, MAZAEL, IDAMAS,

Suite d'Hérode.

HÉRODE.

EH quoi ! Varus aussi semble éviter ma vue !
Quelle horrreur devant moi s'est par tout répandue !
Ciel ! ne puis-je inspirer que la haine ou l'effroi ?
Tous les cœurs des humains sont-ils fermés pour moi ?
En horreur à la Reine, à mon peuple, à moi-même,
A regret sur mon front je vois le diadême.
Hérode en arrivant, recueille avec terreur,
Les chagrins dévorans qu'a semés sa fureur.
Ah Dieu !

MAZAEL.

Daignez calmer ces injustes alarmes.

HÉRODE,

Malheureux, qu'ai-je fait?

MAZAEL.

Quoi! vous verſez des larmes?
Vous, ce Roi fortuné, ſi ſage en ſes deſſeins,
Vous la terreur du Parthe, & l'ami des Romains?
Songez, Seigneur, ſongez à ces noms pleins
 de gloire,
Que vous donnoient jadis Antoine & la Victoire.
Songez que près d'Auguſte, apellé par ſon
 choix,
Vous marchiez, diſtingué de la foule des rois.
Revoyez à vos loix Jeruſalem rendue
Jadis par vous conquiſe, & par vous défendue,
Reprenant aujourd'hui ſa premiere ſplendeur,
En contemplant ſon Prince au faîte du bonheur.
Jamais Roi plus heureux dans la paix, dans
 la guerre...

HÉRODE.

Non, il n'eſt plus pour moi de bonheur ſur
 la terre:
Le deſtin m'a frapé de ſes plus rudes coups;
Et pour comble d'horreurs, je les mérite tous.

IDAMAS.

Seigneur, m'eſt-il permis de parler ſans contrainte?
Ce thrône auguſte & ſaint qu'environne la
 crainte,
Seroit mieux affermi s'il l'étoit par l'amour.
En faiſant des heureux, un Roi l'eſt à ſon tour.
A d'éternels chagrins mon ame abandonnée,
Pourroit tarir d'un mot leur ſource empoiſonnée.

Seigneur, ne souffrez plus que d'indignes discours
Osent troubler la paix, & l'honneur de vos jours;
Ni que de vils flateurs écartent de leur maître
Des cœurs infortunés qui vous cherchoient peut-être.
Bien-tôt de vos vertus, tout Israël charmé...

HÉRODE.
Hé! croyez-vous encor que je puisse être aimé?

MAZAEL.
Seigneur, à vos desseins Zarès toujours fidèle,
Renvoyé près de vous, & plein du même zèle,
De la part de Salomé attend pour vous parler.

HÉRODE.
Quoi! tous deux sans relâche, ils veulent m'accabler!
Que jamais devant moi ce monstre ne paroisse.
Je l'ai trop écouté.... Sortez tous, qu'on me laisse.
Ciel! qui pourra calmer un trouble si cruel!
Demeurez Idamas, demeurez Mazaël.

SCENE IV.
HÉRODE, MAZAEL, IDAMAS.

HÉRODE.
Hé bien! voilà ce Roi si fier & si terrible!
Ce Roi dont ont craignoit le courage inflexible,
Qui sçut vaincre & regner, qui sçut briser ses fers;

Et dont la politique étonna l'Univers.
Qu'Hérode est aujourd'hui différent de lui-même !

MAZAEL.

Tout adore à l'envi votre grandeur suprême.

IDAMAS.

Un seul cœur vous résiste, & on peut le gagner.

HERODE.

Non : je suis un barbare indigne de regner.

IDAMAS.

Votre douleur est juste, & si pour Mariamne,..

HÉRODE.

Et c'est ce nom fatal, hélas ! qui me condamne ;
C'est ce nom qui reproche à mon cœur agité,
L'excès de ma foiblesse, & de ma cruauté.

MAZAEL.

Seigneur, votre clémence augmente encor sa haine.
Elle fuit votre vue.

HÉRODE.

Ah ! j'ai cherché la sienne.

MAZAEL.

Qui ? vous, Seigneur ?

HÉRODE.

Hé quoi ! mes transports furieux,
Ces pleurs, que mes remors arrachent de mes yeux,
Ce changement soudain, cette douleur mortelle,
Tout ne te dit-il pas que je viens d'auprés d'elle ?
Toujours troublé, toujours plein de haine & d'amour .
J'ai trompé, pour la voir une importune cour,

Quelle

TRAGEDIE.

Quelle entrevûe, ô Cieux ! quels combats ! quel suplice !
Dans ses yeux indignez, j'ai lu mon injustice.
Ses regards inquiets n'osoient tomber sur moi ;
Et tout, jusqu'à mes pleurs, augmentoit son effroi.

MAZAEL.

Seigneur, vous le voyez, sa haine envenimée,
Jamais par vos bontés ne sera desarmée.
Vos respects dangereux nourrissent sa fierté.

HÉRODE.

Elle me hait ! ah Dieu ! je l'ai trop mérité.
Je lui pardonne, hélas ! dans le sort qui l'accable,
De haïr à ce point un époux si coupable.

MAZAEL.

Vous coupable ? Hé, Seigneur pouvez-vous oublier
Ce que la Reine a fait pour vous justifier ?
Ses Mépris outrageans, sa superbe colere,
Ses desseins contre vous, les complots de son Pere ?
Le sang qui la forma, fut un sang ennemi.
Le dangereux Hircan vous eût toujours trahi :
Et des Asmonéens la brigue étoit si forte,
Que sans un coup d'état vous n'auriez pu...

HÉRODE.

N'importe ;
Hircan étoit son pere ; il falloit l'épargner.
Mais je n'écoutai rien que la soif de regner.
Ma politique affreuse a perdu sa famille.
J'ai fait périr le pere, & j'ai proscrit la fille :
J'ai voulu la haïr ; j'ai trop sçu l'oprimer.

Tome II.   G

Le ciel pour m'en punir, me condamne à l'ai-
 mer.
IDAMAS.
Seigneur, daignez m'en croire ; une juste
 tendresse
Devient une vertu, loin d'être une foiblesse :
Digne de tant de biens que le ciel vous a faits,
Mettez votre amour même au rang de ses bien-
 faits.
HÉRODE.
Hircan, Mânes sacrés, fureurs que je déteste!
IDAMAS.
Perdez-en pour jamais le souvenir funeste.
MAZAEL.
Puisse la Reine aussi l'oublier comme vous.
HÉRODE.
O Pere infortuné plus malheureux époux!
Tant d'horreurs, tant de sang, le meurtre de
 son pere,
Les maux que je lui fais me la rendent plus
 chere.
Si son cœur,.... si sa foi,.... mais c'est trop
 différer,
Idamas en un mot je veux tout réparer.
Va la trouver ; dis-lui que mon ame asservie,
Met à ses pieds mon thrône, & ma gloire &
 ma vie.
Je veux dans ses enfans choisir un successeur.
Les maux qu'elle a soufferts, elle accuse ma
 sœur :
C'en est assez. Ma sœur aujourd'hui renvoyée,
A ce cher intérêt sera sacrifiée.
Je laisse à Mariamne un pouvoir absolu.
MAZAEL.
Quoi! Seigneur, vous voulez...

TRAGEDIE.
HERODE.

                Oui, je l'ai résolu.
Oui, mon cœur desormais la voit, la considere,
Comme un présent des cieux qu'il faut que je révére.
Que ne peut point sur moi l'amour qui m'a vaincu !
A Mariamne, enfin, je devrai ma vertu.
Il le faut avouer : on m'a vu dans l'Asie,
Regner avec éclat mais avec barbarie.
Craint, respecté du peuple, admiré, mais haï,
J'ai des adorateurs, & n'ai pas un ami.
Ma sœur que trop long-tems mon cœur a daigné croire,
Ma sœur n'aima jamais ma véritable gloire.
Plus cruelle que moi dans ses sanglans projets,
Sa main faisoit couler le sang de mes sujets,
Les accabloit du poids de mon sceptre terrible.
Tandis qu'à leurs douleurs Mariamne sensible,
S'occupant de leur peine, & s'oubliant pour eux,
Portoit à son époux les pleurs des malheureux.
C'en est fait. Je prétens, plus juste & moins sévére,
Par le bonheur public, essayer de lui plaire.
Sion va respirer sous un regne plus doux.
Mariamne a changé le cœur de son époux.
Mes mains loin de mon throne écartant les allarmes,
Des Peuples oprimez vont essuyer les larmes.
Je veux sur mes sujets regner en citoïen,
Et gagner tous les cœurs, pour mériter le sien.
Va la trouver, te dis-je, & sur-tout à sa vue,
Peins bien le repentir de mon ame eperdue.

                G 2

Dis-lui que mes remors égalent ma fureur.
Va, cours, vole, & reviens. Que vois-je !
c'est ma sœur.

A Mazaël.

Sortez,... Termine, ô ciel, les chagrins
de ma vie.

SCENE V.

HÉRODE, SALOMÉ.

SALOMÉ.

Hé bien, vous avez vu votre chere ennemie ?
Avez-vous essuyé des outrages nouveaux ?

HÉRODE.

Madame, il n'est plus tems d'apesantir mes
maux.
Je cherche à les finir. Ma rigueur implacable,
En me rendant plus craint, m'a fait plus misérable.
Assez & trop long-tems sur ma triste maison,
La vengeance & la haine ont versé leur poison.
De la Reine & de vous, les discordes cruelles
Seroient de mes tourmens les sources éternelles.
Ma sœur, pour mon repos, pour vous, pour toutes deux,
Eloignez-vous; partez; fuyez ces tristes lieux;
Il le faut.

SALOMÉ.

Ciel, qu'entens-je ! ah fatale ennemie !

TRAGEDIE.
HÉRODE.

Un Roi vous le commande, un frere vous en prie.
Que puisse désormais ce frere malheureux,
N'avoir point à donner d'ordre plus rigoureux,
N'avoir plus sur les miens de vengeances à prendre,
De soupçons à former ni de sang à répandre,
Ne persécutez plus mes jours trop agitez.
Murmurez : plaignez-vous, plaignez-moi ; mais partez.

SALOMÉ.

Moi, Seigneur, je n'ai point de plaintes à vous faire.
Vous croyez mon exil & juste & nécessaire ;
A vos moindres désirs instruite à consentir,
Lorsque vous commandez, je ne sçai qu'obéir.
Vous ne me verrez point, sensible à mon injure,
Attester devant vous le sang & la nature.
Sa voix trop rarement se fait entendre aux rois,
Et près des passions le sang n'a point de droits,
Je ne vous vante plus cette amitié sincére,
Dont le zèle aujourd'hui commence à vous déplaire ;
Je rapelle encor moins mes services passés,
Je vois trop qu'un regard les a tous effacés.
Mais avez-vous pensé que Mariamne oublie,
Qu'Hérode en ce jour même attenta sur sa vie ?
Vous, quelle craint toujours, ne la craignez-vous plus ?
Ses vœux, ses sentimens, vous sont-ils inconnus ?
Qui préviendra jamais, par des avis utiles,

G 3

De son cœur outragé les vengeances faciles?
Quels yeux intéressés à veiller sur vos jours,
Pourront de ses complots démêler les détours?
Son courroux aura-t-il quelque frein qui l'arrête ?
Et pensez-vous enfin, que lorsque votre tête
Sera par vos soins même exposée à ses coups,
L'amour qui vous séduit, lui parlera pour vous ?
Quoi donc ! tant de mépris, cette horreur inhumaine...

HÉRODE.

Ah ! laissez-moi douter un moment de sa haine.
Laissez-moi me flater de regagner son cœur.
Ne me détrompez point, respectez mon erreur.
Je veux croire, & je crois que votre haine altiére,
Entre la Reine & moi mettoit une barriére ;
Que vous seule excitiez son courroux endurci ;
Et que sans vous, enfin, j'eusse été moins haï

SALOMÉ.

Si vous pouviez sçavoir, si vous pouviez comprendre
A quel point...

HÉRODE.

Non, ma sœur, je ne veux rien entendre.
Mariamne, à son gré peut menacer mes jours :
Ils me sont odieux; quelle en tranche le cours.
Je périrai du moins d'une main qui m'est chere.

SALOMÉ

Ah ! c'est trop l'épargner, vous tromper & me taire.
Je m'expose à me perdre, & cherche à vous servir ;

TRAGEDIE.

Et je vais vous parler, dûssiez-vous m'en punir.
Epoux infortuné ! qu'un vil amour surmonte,
Connoissez Mariamne, & voyez votre honte.
C'est peu des fiers dédains dont son cœur est armé.
C'est peu de vous haïr ;... un autre en est aimé.

HÉRODE.

Un autre en est aimé ! Pouvez-vous bien, barbare,
Soupçonner devant moi la vertu la plus rare ?
Ma sœur, c'est donc ainsi que vous m'assassinez ?
Laissez-vous pour adieux ces traits empoisonnez
Ces flambeaux de discorde, & la honte & la rage
Qui de mon cœur jaloux sont l'horrible partage ?
Mariamne... mais non, je ne veux rien sçavoir.
Vos conseils sur mon ame ont eu trop de pouvoir ;
Je vous ai long-tems crue, & les cieux m'en punissent ;
Mon sort étoit d'aimer des cœurs qui me haïssent
Oui, c'est moi seul ici que vous persécutez.

SALOMÉ.

Hé bien donc, loin de vous...

HÉRODE.

Non, Madame, arrêtez...
Un autre en est aimé ! nommez-moi donc, cruelle,
Le sang que doit verser ma vengeance nouvelle ;
poursuivez votre ouvrage ; achevez mon malheur.

SALOMÉ.

Puisque vous le voulez...

G 4

MARIAMNE,

HÉRODE.

Frape voilà mon cœur.
Dis-moi qui m'a trahi ; mais quoi qu'il en puisse être,
Songe que cette main t'en punira peut-être ;
Oui, je te punirai de m'ôter mon erreur.
Parle, à ce prix...

SALOMÉ.

N'importe.

HÉRODE.

Hé bien...

SALOMÉ.

C'est...

SCENE VII.

HÉRODE, SALOMÉ, MAZAEL.

MAZAEL.

AH ! Seigneur,
Venez, ne souffrez pas que ce crime s'acheve ;
Votre épouse vous fuit ; & Varus vous l'enleve.

HÉRODE.

Mariamne ! Varus ! où suis-je ? justes cieux !

MAZAEL.

Varus & ses soldats sont sortis de ces lieux.
Il prépare à l'instant cette indigne retraite ;
Il place auprès des murs une escorte secrete.
Mariamne l'attend pour sortir du palais,
Et vous allez, Seigneur, la perdre pour jamais.

HÉRODE.

Ah ! le charme est rompu, le jour enfin, m'éclaire.

TRAGEDIE. 153

Venez, à son courroux connoissez votre frere.
Surprenons l'infidelle : & vous allez juger
S'il est encor Hérode, & s'il sçait se venger.

Fin du troisiéme Acte.

ACTE IV.
SCENE I.

SALOMÉ, MAZAEL.

MAZAEL.

Jamais, je l'avouerai, plus heureuse aparence,
N'a d'un mensonge adroit soutenu la prudence :
Ma bouche auprès d'Hérode, avec dexterité
Confondoit l'artifice avec la vérité.
Mais lorsque sans retour Mariamne est perdue,
Quand la faveur d'Hérode à vos vœux est rendue,
Dans ces sombres chagrins, qui peut donc vous plonger ?
Madame, en se vengeant, le Roi va vous venger.
Sa fureur est au comble, & moi-même je n'ose
Regarder sans effroi les malheurs que je cause
Vous avez vu tantôt ce spectacle inhumain ?
Ces esclaves tremblans, égorgés de sa main :
Près de leurs corps sanglans, la Reine évanouie ;
Le Roi le bras levé, prêt à trancher sa vie.
Ses fils baignés de pleurs, embrassant ses genoux,

G 5

En préfentant leur tête au-devant de ſes coups.
Que vouliez-vous de plus ? que craignez-vous
  encore ?

SALOMÉ.

Je crains le Roi : je crains ces charmes qu'il
  adore,
Ce bras prompt à punir, prompt à ſe défar-
  mer,
Cette colére, enfin, facile à s'enflammer ;
Mais qui toujours douteuſe, & toujours aveu-
  glée,
En ces tranſports ſoudains s'eſt peut-être
  exhalée.
Mazaël, mon triomphe eſt encore incertain.
J'ai deux fois en un jour vu changer mon de-
  ſtin :
Deux fois j'ai vu l'amour ſuccéder à la haine ;
Et nous ſommes perdus, s'il voit encore la
  Reine.

SCENE II.

HÉRODE, SALOMÉ, MAZAEL, Gardes.

MAZAEL.

IL vient : de quelle horreur il paroît agité !

SALOMÉ.

Seigneur, votre vengeance eſt-elle en ſureté ?

MAZAEL.

Me préſerve le ciel que ma voix temeraire,
D'un Roi clement & ſage irritant la colére,
Oſe ſe faire entendre entre la Reine & lui.
Mais, Seigneur, contre vous, Varus eſt ſon
  apui.

Non, ne vous vengez point, mais sauvez votre vie,
Prévenez de Varus l'indiscrete furie :
Ce superbe Préteur ardent à tout tenter,
Se fait une vertu de vous persécuter.

HÉRODE.

Ah ! ma sœur, à quel point ma flamme étoit trahie !
Venez contre une ingrate animer ma furie,
De ma douleur mortelle, ayez quelque pitié.
Mon cœur n'attend plus rien que de votre amitié.
Hélas ! plein d'une erreur, trop fatale & trop chere,
Je vous sacrifiois au seul soin de lui plaire :
Je vous comptois déja parmi mes ennemis ;
Je punissois sur vous sa haine & ses mépris.
Ah ! j'atteste à vos yeux ma tendresse outragée,
Qu'avant la fin du jour vous en serez vengée.
Je veux, sur-tout, je veux, dans ma juste fureur,
La punir du pouvoir qu'elle avoit sur mon cœur.
Hélas ! jamais ce cœur ne brûla que pour elle.
J'aimai, je détestai, j'adorai l'infidelle.
Et toi, Varus, & toi, faudra-t-il que ma main
Respecte ici ton crime, & le sang d'un Romain ?
Non, je te punirai dans un autre toi-même.
Tu verras cet objet qui m'abhorre & qui t'aime,
Cet objet à mon cœur, jadis si précieux,
Dans l'horreur des tourmens, expirant à tes yeux.
Que sur toi, s'il se peut, tout son sang rejaillisse.

G 6

Tu l'aimes, il suffit, la mort est ton suplice...
Mais... croyez-vous qu'Auguste aprouve
 ma rigueur ?

SALOMÉ.

Il la conseilleroit; n'en doutez point, Sei-
 gneur.
Auguste a des autels où le Romain l'adore;
Mais de ces ennemis le sang y fume encore.
Auguste à tous les Rois a pris soin d'enseigner,
Comme il faut qu'on les craigne, & comme
 il faut regner.
Imitez son exemple, assurez votre vie,
Tout condamne la Reine, & tout vous justifie.

MAZAEL.

Ménagez cependant des momens précieux :
Et tandis que Varus est absent de ces lieux,
Que par lui, loin des murs, sa garde est dis-
 posée,
Saisissez, achevez une vengeance aisée.

SALOMÉ.

Mais sur-tout aux Hébreux cachez votre dou-
 leur.
D'un spectacle funeste épargnez-vous l'hor-
 reur.
Loin de ces tristes lieux, témoins de votre
 outrage,
Fuyez de tant d'objets la douloureuse image.
Venez, Seigneur, venez au fond de mon palais,
A vos esprits troublés, daignez rendre la paix.

HÉRODE.

Non, ma sœur, laissez-moi la voir & la con-
 fondre.
Je veux l'entendre ici, la forcer à répondre;
Jouir du desespoir de son cœur accablé,

TRAGEDIE.

Et qu'au moins elle meure, après avoir tremblé.

SALOME.

Quoi! Seigneur, vous voulez vous montrer à
sa vue?

HÉRODE.

Ah! ne redoutez rien. Sa perte est resolue:
Vainement l'infidelle espere en mon amour;
Mon cœur à la clémence est fermé sans retour.
Loin de craindre ces yeux, qui m'avoient trop
sçu plaire,
Je sens que sa préfence aigrira ma colère.
Gardes, que dans ces lieux on la fasse venir.
Je ne veux que la voir, l'entendre, & la punir.
Ma sœur, pour un moment souffrez que je res-
pire.
Qu'on apelle la Reine. Et vous qu'on se retire.

SCENE III.

HÉRODE seul.

Tu veux la voir, Hérode, à quoi te ré-
sous-tu?
Conçois-tu les desseins de ton cœur éperdu?
Quoi! son crime à tes yeux n'est-il pas ma-
nifeste?
N'es-tu pas outragé? que t'importe le reste?
Quel fruit espéres-tu de ce triste entretien?
Ton cœur peut-il douter des sentimens du sien?
Hélas! tu sçais assez combien elle t'abhorre.
Tu prétens te venger! Pourquoi vit-elle en-
core?
Tu veux la voir! ah! lâche, indigne de regner.

Va soupirer près d'elle, & cours lui pardon-
 ner...
Va voir cette beauté, si long-tems adorée...
Non, elle périra; non sa mort est jurée.
Vous serez répandu, sang de mes ennemis,
Sang des Asmonéens, dans ses vaines transmis,
Sang, qui me haïssez, & que mon cœur dé-
 teste,
Mais la voici.. Grand Dieu! quel spectacle
 funeste!

SCENE IV.

MARIAMNE, HE'RODE, ELISE.

Gardes.

ELISE.

REprenez vos esprits, Madame c'est le Roi.

MARIAMNE.

Où suis-je? où vais-je? ô Dieu! je me meurs...
 je le vois.

HE'RODE.

D'où vient qu'à son aspect mes entrailles fré-
 missent?

MARIAMNE.

Elise soutiens-moi, mes forces s'afoiblissent.

ELISE.

Avançons.

MARIAMNE.

Quel tourment!

HE'RODE.

Que lui dirai-je? ô Cieux!

TRAGEDIE.
MARIAMNE.

Pourquoi m'ordonnez-vous de paroître à vos yeux ?
Voulez-vous, de vos mains m'ôter ce foible reste
D'une vie, à tous deux également funeste ?
Vous le pouvez: frapez, le coup m'en fera doux ;
Et c'eſt l'unique bien, que je tiendrai de vous.

HÉRODE.

Oui, je me vengerai, vous ſerez ſatisfaite.
Mais parlez ; défendez votre indigne retraite.
Pourquoi, lorſque mon cœur, ſi long-tems offenſé,
Indulgent pour vous ſeule oublioit le paſſé :
Lorſque vous partagiez mon empire & ma gloire :
Pourquoi prépariez-vous cette fuite ſi noire ?
Quel deſſein ! quelle haine a pu vous poſſéder ?

MARIAMNE.

Ah ! Seigneur, eſt-ce à vous à me le demander ?
Je ne veux point vous faire un reproche inutile.
Mais ſi loin de ces lieux j'ai cherché quelque aſile,
Si Mariamne, enfin, pour la premiere fois,
Du pouvoir d'un époux méconnoiſſant les droits :
A voulu ſe ſouſtraire à ſon obéiſſance ;
Songez à tous ces Rois, dont je tiens la naiſſance :
A mes périls préſens, à mes malheurs paſſez,
Et condamnez ma fuite après, ſi vous l'oſez.

HÉRODE.

Quoi ! lorsqu'avec un traître, un fol amour vous lie ;
Quand Varus....

MARIAMNE.

Arrêtez ; il suffit de ma vie.
D'un si cruel affront cessez de me couvrir.
Laissez-moi chez les Morts descendre sans rougir.
N'oubliez pas du moins, qu'attachez l'un à l'autre,
L'hymen, qui nous unit, joint mon honneur au vôtre.
Voilà mon cœur. Frapez. Mais en portant vos coups,
Respectez Mariamne, & même son époux.

HÉRODE.

Perfide ! il vous sied bien de prononcer encore
Ce nom qui vous condamne, & qui me deshonore !
Vos coupables dédains vous accusent assez ;
Et je crois tout de vous, si vous me haïssez.

MARIAMNE.

Quand vous me comdamnez, quand ma mort est certaine,
Que vous importe, hélas ! ma tendresse, ou ma haine ?
Et quel droit désormais avez-vous sur mon cœur,
Vous qui l'avez rempli d'amertume & d'horreur ;
Vous, qui depuis cinq ans insultez à mes larmes,
Qui marquez sans pitié mes jours par mes allarmes ;
Vous, de tous mes Parens destructeur odieux ;
Vous, teint du sang d'un Pere expirant à mes yeux ?

TRAGEDIE.

Cruel! ah! si du moins votre fureur jalouse
N'eut jamais attenté qu'aux jours de votre épouse :
Les cieux me sont témoins, que mon cœur tout à vous
Vous chériroit encor, en mourant par vos coups ;
Mais qu'au moins mon trépas calme votre furie.
N'étendez point mes maux au-delà de ma vie:
Prenez soin de mes fils, respectez votre sang ;
Ne les punissez pas d'être nés dans mon flanc.
Hérode, ayez pour eux des entrailles de Pere,
Peut-être un jour, hélas ! vous connoîtrez leur Mere.
Vous plaindrez, mais trop tard, ce cœur infortuné,
Que seul dans l'Univers, vous avez soupçonné:
Ce cœur qui n'a point sçu, trop superbe, peut-être,
Déguiser ses douleurs, & ménager un maître ;
Mais qui jusqu'au tombeau conserva sa vertu,
Et qui vous eût aimé, si vous l'aviez voulu.

HÉRODE.

Qu'ai-je entendu ? quel charme, & quel pouvoir suprême,
Commande à ma colere, & m'arrache à moi-même ?
Mariamne...

MARIAMNE.
Cruel !

HÉRODE.
... O foiblesse ! ô fureur !

MARIAMNE.

De l'état où je suis voyez du moins l'horreur,
Otez-moi par pitié cette odieuse vie.

HÉRODE.

Ah ! la mienne à la vôtre est pour jamais unie.
C'en est fait : je me rens ; bannissez votre effroi.
Puisque vous m'avez vu, vous triomphez de
   moi.
Vous n'avez plus besoin d'excuse & de défense,
Ma tendresse pour vous, vous tient lieu d'in-
   nocence.
En est-ce assez, ô Ciel ! en est-ce assez,
   Amour ?
C'est moi qui vous implore, & qui tremble à
   mon tour.
Serez-vous aujourd'hui la seule inéxorable ?
Quand j'ai tout pardonné, serai-je encor cou-
   pable ?
Mariamne, cessons de nous persécuter.
Nos cœurs ne sont-ils faits que pour se détester?
Nous faudra-t-il toujours redouter l'un & l'au-
   tre ?
Finissons à la fois ma douleur & la vôtre.
Commençons sur nous-mêmes à régner en ce
   jour.
Rendez-moi votre main, rendez-moi votre
   amour.

MARIAMNE.

Vous demandez ma main ! Juste ciel que j'implore,
Vous sçavez de quel sang la sienne fume encore.

HÉRODE.

Hé bien, j'ai fait périr & ton Pere & mon Roi.
J'ai répandu son sang pour régner avec toi.
Ta haine en est le prix, ta haine est légitime :
Je n'en murmure point, je connois tout mon
   crime.
Que dis-je ? son trépas, l'affront fait à tes fils,

Sont les moindres forfaits que mon cœur ait commis.
Hérode a jusqu'à toi porté sa barbarie ;
Durant quelques momens je t'ai même haïe :
J'ai fait plus, ma fureur a pu te soupçonner ;
Et l'effort des vertus est de me pardonner.
D'un trait si généreux, ton cœur seul est capable
Plus Hérode à tes yeux doit paroître coupable,
Plus ta grandeur éclate à respecter en moi,
Ces nœuds infortunés qui m'unissent à toi.
Tu vois où je m'emporte, & quelle est ma foiblesse.
Garde toi d'abuser du trouble qui me presse.
Cher & cruel objet d'amour & de fureur,
Si du moins la pitié peut entrer dans ton cœur,
Calme l'affreux desordre où mon ame s'égare.
Tu détournes les yeux... Mariamne....

MARIAMNE.

      Ah ! barbare,
Un juste repentir produit-il vos transports ?
Et pourrai-je en effet, compter sur vos remors ?

HÉRODE.

Oui, tu peux tout sur moi, si j'amolis ta haine.
Hélas ! ma cruauté, ma fureur inhumaine,
C'est toi qui dans mon cœur a sçu la rallumer.
Tu m'as rendu barbare, en cessant de m'aimer.
Que ton crime & le mien soient noyés dans mes larmes ;
Je te jure...

SCENE V.

H'ERODE, MARIAMNE, ELISE.
Un Garde.

SEigneur, tout le peuple est en armes,
Dans le sang des Bourreaux il vient de renver-
ser.
L'échaffaut que Salomé a déja fait dresser.
Au peuple, à vos soldats, Varus commande
en maître :
Il marche vers ces lieux, il vient, il va paraître.

H E' R O D E.

Quoi ! dans le moment même où je suis à vos
pieds,
Vous auriez pu, perfide ! ...

M A R I A M N E.

Ah ! Seigneur, vous croiriez ? ...

H E' R O D E.

Tu veux ma mort ! hé bien, je vais remplir ta
haine ;
Mais au moins dans ma tombe il faut que je
t'entraîne,
Et qu'unis malgré toi ... Qu'on la garde, Soldats.

SCENE VI.

HE'RODE, MARIAMNE, SALOME', MAZAEL, ELISE, Gardes.

S A L O M E'.

AH ! mon frere, aux Hébreux ne vous pré-
sentez pas.
Le peuple soulevé demande votre vie.

TRAGEDIE.

Le nom de Mariamne excite leur furie ;
De vos mains, de ces lieux, ils viennent l'arracher.

HE'RODE.

Allons. Ils me verront, & je cours les chercher.
De l'horreur où je suis tu répondras, cruelle.
Ne l'abandonnez pas; ma sœur, veillez sur elle.

MARIAMNE.

Je ne crains point la mort, mais j'atteste les cieux...

MAZAEL.

Hé ! Seigneur, les Romains sont déja sous vos yeux.

HE'RODE.

Courons... Mais quoi ! laisser la coupable impunie.
Ah ! je veux dans son sang laver sa perfidie ;
Je veux, j'ordonne, hélas ! dans mon funeste sort,
Je ne puis rien résoudre, & vais chercher la mort.

Fin du quatriéme Acte.

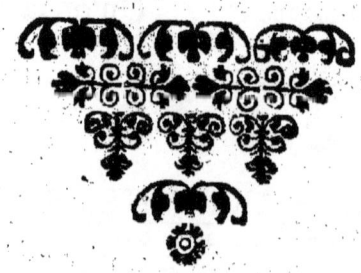

MARIAMNE,

ACTE V.
SCENE I.
MARIAMNE, ELISE, *Gardes.*

MARIAMNE.

Eloignez-vous, Soldats ; daignez laisser du moins,
Votre Reine, un moment, respirer sans témoins.

Les gardes se retirent au coin du théâtre.

Voilà donc, juste Dieu ! quelle est ma destinée.
La splendeur de mon sang, la pourpre où je suis née,
Enfin ce qui sembloit promettre à mes beaux jours,
D'un bonheur assuré, l'inaltérable cours ;
Tout cela n'a donc fait que verser sur ma vie
Le funeste poison, dont elle fut remplie.
O naissance ! ô jeunesse ! Et toi, triste beauté,
Dont l'éclat dangereux enfla ma vanité,
Flateuse illusion dont je fus occupée,
Vaine ombre de bonheur, que vous m'avez trompée !
Sous ce trône coupable, un éternel ennui,
M'a creusé le tombeau, que l'on m'ouvre aujourd'hui.
Dans les profondes eaux, j'ai vu perir mon frere,

Mon époux à mes yeux a massacré mon Pere :
Par ce cruel époux condamné à périr,
Ma vertu me restoit ; on ose la flétrir.
Grand Dieu dont les rigueurs éprouvent l'innocence,
Je ne demande point ton aide ou ta vengeance.
J'apris de mes ayeux que je sçais imiter,
A voir la mort sans crainte, & sans la mériter.
Je t'offre tout mon sang. Défens au moins ma gloire.
Commande à mes tyrans d'épargner ma mémoire.
Que le mensonge impur n'ose plus m'outrager.
Que mon pays m'honore, au lieu de me venger.
Mais quel tumulte affreux ! quels cris ! quelles allarmes !
Ce palais retentit du bruit confus des armes.
Hélas ! j'en suis la cause, & l'on périt pour moi.
On enfonce la porte. Ah ! qu'est-ce que je vois ?

___

SCENE II.

MARIAMNE, VARUS, ELISE, ALBIN.

Soldats d'Hérode.

Soldats de Varus.

VARUS.

Fuyez, vils ennemis qui gardez votre Reine,
Hébreux, disparoissez. Romains, qu'on les enchaîne.

Les gardes & les soldats d'Hérode s'en vont.

Venez, Reine, venez, secondez nos efforts:
Suivez mes pas; marchons dans la foule des morts.
A vos persécuteurs vous n'êtes plus livrée:
Ils n'ont pu de ces lieux me défendre l'entrée.
Dans son perfide sang Mazaël est plongé;
Et du moins à demi, mon bras vous a vengé.
D'un instant précieux saisissez l'avantage.
Mettez ce front auguste à l'abri de l'orage.
Avançons.

MARIAMNE.

Non, Seigneur, il ne m'est plus permis
D'accepter vos bontés contre mes ennemis.
Après l'affront cruel, & la tache trop noire,
Dont les soupçons d'Hérode ont offensé ma gloire,
Je les mériterois, si je pouvois souffrir
Cet apui dangereux que vous venez m'offrir.
Je crains votre secours, & non sa barbarie.
Il est honteux pour moi de vous devoir la vie;
L'honneur m'en fait un crime. Il le faut expier,
Et j'attens le trépas pour me justifier.

VARUS.

Que faites-vous, hélas! malheureuse princesse!
Un moment peut vous perdre. On combat.
Le tems presse.
Craignez encor Hérode, armé du desespoir.

MARIAMNE.

Je ne crains que la honte, & je sçai mon devoir.

VARUS.

Quoi! faudra-t'il toujours que Varus vous offense?

Je

TRAGEDIE.

Je vais donc malgré-vous, servir votre vengeance.
Je cours à ce tyran, qu'en vain vous respectez,
Je revole au combat, & mon bras....

MARIAMNE.

Arrêtez :
Je déteste un triomphe, à mes yeux si coupable,
Seigneur, le sang d'Hérode est pour moi respectable.
C'est lui de qui les droits....

VARUS.

L'ingrat les a perdus.

MARIAMNE.

Par les nœuds les plus saints...

VARUS.

Tous vos nœuds sont rompus.

MARIAMNE.

Le devoir nous unit.

VARUS.

Le crime vous sépare.
N'arrêtez plus mes pas. Vengez-vous d'un barbare.
Sauvez tant de vertus...

MARIAMNE.

Vous les deshonorez.

VARUS.

Il va trancher vos jours.

MARIAMNE.

Les siens me sont sacrez.

VARUS.

Il a souillé sa main du sang de votre Pere.

MARIAMNE.

Je sçai ce qu'il a fait, & ce que je dois faire.

Tome II. H

De sa fureur ici j'attens les derniers traits,
Et ne prens point de lui l'exemple des forfaits.
VARUS.
O courage ! ô constance ! ô cœur inébranlable !
Dieux que tant de vertus rend Hérode coupable !
Plus vous me commandez de ne point vous servir,
Et plus je vous promets de vous desobeir.
Votre honneur s'en offense, & le mien me l'ordonne.
Il n'est rien qui m'arrête ; il n'est rien qui m'étonne.
Et je cours reparer, en cherchant votre époux,
Ce tems que j'ai perdu sans combattre pour vous
MARIAMNE.
Seigneur...

SCENE III.
MARIAMNE, ELISE.
Gardes.

MARIAMNE.

MAis il m'échape ; il ne veut point m'entendre.
Ciel ! ô ciel ! épargnez le sang qu'on va répandre :
Épargnez mes sujets ; épuisez tout sur moi.
Sauvez le Roi lui-même.

SCENE IV.
MARIAMNE, ELISE, NABAL.
Gardes.

MARIAMNE.

AH! Nabal est-ce toi?
Qu'as-tu fait de mes fils? & que devient ma
  Mere?

NABAL.

Le Roi n'a point sur eux étendu sa colere.
Unique, & triste objet de ses transports jaloux,
Dans ces extrêmités ne craignez que pour vous.
Le seul nom de Varus augmente sa furie.
Si Varus est vaincu, c'est fait de votre vie.
Déja même, déja le barbare Zarès
A marché vers ces lieux, chargé d'ordres se-
  crets.
Osez paroître, osez vous secourir vous-même.
Jettez-vous dans les bras d'un peuple qui vous
  aime.
Faites voir Mariamne à ce peuple abattu.
Vos regards lui rendront son antique vertu.
Apellons à grands cris nos Hébreux & nos
  Prêtres.
Tout Juda défendra le pur sang de ses maîtres.
Madame, avec courage, il faut vaincre, où
  périr.
Daignez...

MARIAMNE.

Le vrai courage est de sçavoir souffrir.

Non d'aller exciter une foule rebelle,
A lever sur son Prince une main criminelle;
Je rougirois de moi, si craignant mon malheur,
Quelques vœux pour sa mort avoient surpris mon cœur;
Si j'avois un moment souhaité ma vengeance,
Et fondé sur sa perte un reste d'espérance.
Nabal, en ce moment, le ciel met dans mon sein
Un desespoir plus noble, un plus digne dessein.
Le Roi qui me soupçonne, enfin, va me connoître.
Au milieu du combat on me verra paroître.
De Varus & du Roi j'arrêterai les coups,
Je remettrai ma tête aux mains de mon époux,
Je fuyois ce matin sa vengeance cruelle;
Ses crimes m'exiloient; son danger me rapelle.
Ma gloire me l'ordonne; & prompte à l'écouter,
Je vais sauver au Roi le jour qu'il veut m'ôter.

NABAL.

Hélas! où courez-vous, dans quel desordre extrême?

MARIAMNE.

Je suis perdue, hélas! c'est Hérode lui-même

TRAGEDIE.

SCENE V.

HÉRODE, MARIAMNE, ELISE, NABAL, IDAMAS, *Gardes.*

HÉRODE.

Ils se sont vus! ah Dieu.... perfide, tu mourras.

MARIAMNE.

Pour la derniere fois, Seigneur, ne souffrez pas...

HÉRODE.

Sortez.... Vous, qu'on la suive.

NABAL.

O justice éternelle!

SCENE VI.

HÉRODE, IDAMAS.

Gardes.

HÉRODE.

Que je n'entende plus le nom de l'infidelle. Hé bien! braves soldats, n'ai-je plus d'ennemis?

IDAMAS.

Les Romains sont défaits; les Hébreux sont soumis;

H 3

Varus percé de coups, vous céde la victoire,
Ce jour vous a comblé d'une éternelle gloire.
Mais le sang de Varus répandu par vos mains,
Peut attirer sur vous le courroux des Romains.
Songez-y bien, Seigneur ; & qu'une telle offense...

HÉRODE.

De la coupable, enfin, je vais prendre vengeance.
Je perds l'indigne objet que je n'ai pu gagner,
Et de ce seul moment je commence à regner.
J'étois trop aveuglé : ma fatale tendresse
Etoit ma seule tache, & ma seule foiblesse.
Laissons mourir l'ingrate : oublions ses attraits :
Que son nom dans ces lieux s'efface pour jamais ;
Que dans mon cœur, sur-tout, sa mémoire périsse.
Enfin tout est-il prêt pour ce juste suplice ?

IDAMAS.

Oui, Seigneur.

HÉRODE.

Quoi ! si-tôt on a pu m'obéir !
Infortuné Monarque ! elle va donc périr ?
Tout est prêt, Idamas ?

IDAMAS.

Vos gardes l'ont saisie,
Votre vengeance, hélas ! sera trop bien servie.

HÉRODE.

Elle a voulu sa perte ; elle a sçu m'y forcer,
Que l'on me venge. Allons, il n'y faut plus penser.
Hélas ! j'aurois voulu vivre & mourir pour elle.
A quoi m'as tu réduit épouse criminelle ?

SCENE DERNIERE.

HÉRODE, IDAMAS, NABAL.

HÉRODE.

Nabal, où courez-vous ? Juste ciel ! vous pleurez !
De crainte, en le voyant, mes sens sont pénétrez.

NABAL.
Seigneur...

HÉRODE.
Ah ! malheureux que venez-vous me dire ?

NABAL.
Ma voix en vous parlant, sur mes lèvres expire.

HÉRODE.
Mariamne...

NABAL.
Ô douleur ! ô regrets superflus !

HÉRODE.
Quoi ! c'en est fait.

NABAL.
Seigneur, Mariamne n'est plus.

HÉRODE.
Elle n'est plus ? grand Dieu !

NABAL.
Je dois à sa mémoire,
A sa vertu trahie, à vous, à votre gloire,
De vous montrer le bien que vous avez perdu,
Et le prix de ce sang par vos mains répandu.
Non, Seigneur, non, son cœur n'étoit point infidelle.

Hélas ! lorsque Varus a combattu pour elle,
Votre épouse à mes yeux détestant son secours,
Voloit pour vous défendre au péril de ses
  jours.

HÉRODE.

Qu'entens-je ! ah malheureux ! ah desespoir
  extrême !
Nabal, que m'as-tu dit ?

NABAL.

C'est dans ce moment même,
Où son cœur se faisoit ce généreux effort,
Que vos ordres cruels l'ont conduite à la mort.
Salomé avoit pressé l'instant de son suplice.

HÉRODE.

O Monstre, qu'à regret épargna ma justice !
Monstre, quels châtimens sont pour toi réser-
  vez !
Que ton sang, que le mien... Ah ! Nabal
  achevez.
Achevez mon trépas par ce récit funeste.

NABAL.

Comment pourrai-je, hélas ! vous aprendre
  le reste
Vos gardes de ces lieux ont osé l'arracher.
Elle a suivi leurs pas, sans vous rien reprocher,
Sans affecter d'orgueil, & sans montrer de
  crainte.
La douce Majesté sur sont front étoit peinte.
La modeste innocence & l'aimable pudeur
Regnoient dans ses beaux yeux, ainsi que
  dans son cœur.
Son malheur ajoutoit à l'éclat de ses charmes.
Nos Prêtres, nos Hébreux dans les cris, dans
  les larmes,

Conjuroient vos soldats, levoient les mains
 vers eux,
Et demandoient la mort avec des cris affreux.
Hélas! de tous côtés, dans ce desordre extrême,
En pleurant Mariamne, on vous plaignoit
 vous-même.
L'on disoit hautement qu'un arrêt si cruel,
Accableroit vos jours d'un remors éternel.

HÉRODE.

Grand Dieu! que chaque mot me porte un
 coup terrible!

NABAL.

Aux larmes des Hébreux Mariamne sensible,
Consoloit tout ce peuple en marchant au tré-
 pas.
Enfin vers l'échafaut on a conduit ses pas.
C'est-là qu'en soulevant ses mains apesanties
Du poids affreux des fers indignement flétries:
» Cruel, a-t-elle dit, & malheureux époux!
» Mariamne en mourant ne pleure que sur
 » vous
» Puissiez-vous par ma mort finir vos injusti-
 » ces.
» Vivez, regnez heureux sous de meilleurs
 » auspices;
» Voyez d'un œil plus doux mes peuples &
 » mes fils;
» Aimez-les: je mourrai trop contente à ce
 » prix.
En achevant ces mots, votre épouse innocente
Tend au fer des bourreaux cette tête char-
 mante,
Dont la terre admiroit les modestes apas.
Seigneur, j'ai vu lever le parricide bras!
J'ai vu tomber...

HÉRODE.

Tu meurs, & je respire encore!
Mânes sacrés, chere Ombre, Epouse que j'adore,
Reste pâle & sanglant de l'objet le plus beau,
Je te suivrai du moins dans la nuit du tombeau.
Quoi! vous me retenez? Quoi! Citoyens perfides
Vous arrachez ce fer à mes mains parricides!
Ma chere Mariamne, arme-toi, punis-moi,
Viens déchirer ce cœur, qui brûle encor pour toi.
Je me meurs. *Il tombe dans un fauteuil.*

NABAL.

De ses sens, il a perdu l'usage;
Il succombe à ses maux.

HÉRODE.

Quel funeste nuage!
S'est répandu soudain sur mes esprits troublés!
D'un sombre & noir chagrin mes sens sont accablés.
D'où vient qu'on m'abandonne au trouble qui me gêne?
Je ne vois point ma sœur, je ne vois point la Reine.
Vous pleurez, vous n'osez vous aprocher de moi!
Triste Jérusalem, tu fuis devant ton Roi?
Qu'ai-je donc fait? Pourquoi suis-je en horreur au monde?
Qui me délivrera de ma douleur profonde?
Par qui ce long tourment sera-t-il adouci?
Qu'on cherche Mariamne, & qu'on l'amene ici.

NABAL.

Mariamne, Seigneur!

TRAGEDIE.

HÉRODE.
Oui : je sens que sa vue
Va rendre un calme heureux à mon ame éperdue,
Toujours devant ses yeux que j'aime & que je crains,
Mon cœur est moins troublé ; mes jours sont plus sereins.
Déja même à son nom mes douleurs s'affoiblissent.
Déja de mon chagrin les ombres s'éclaircissent.
Qu'elle vienne.

NABAL.
Seigneur...

HÉRODE.
Je veux la voir.

NABAL.
Hélas !
Avez-vous pu, Seigneur, oublier son trépas ?

HÉRODE.
Cruel que dites-vous ?

NABAL.
La douleur le transporte ;
Il ne se connoît plus.

HÉRODE.
Quoi Mariamne est morte ?
Ah ! funeste Raison, pourquoi m'éclaires-tu ?
Jour triste, jour affreux, pourquoi m'es-tu rendu ?
Lieux teints de ce beau sang que l'on vient de répandre.
Murs que j'ai relevés, palais, tombez en cendre,

Cachez sous les débris de vos superbes tours,
La place où Mariamne a vu trancher ses jours.
Quoi ! Mariamne est morte, & j'en suis l'homicide !
Punissez, déchirez ce Monstre parricide,
Armez-vous contre moi, sujets qui la perdez,
Tonnez, écrasez-moi, cieux qui la possédez,

Fin du cinquième & dernier Acte.

LE
BRUTUS,
TRAGÉDIE.

AVERTISSEMENT.

Cette Tragédie fut jouée pour la premiere fois en 1730. C'est de toutes les Piéces de notre Auteur, celle qui eut en France le moins de succès aux representations, elle ne fut jouée que seize fois, & c'est celle qui a été traduite en plus de Langues, & que les Nations *étrangéres aiment le mieux. Elle est ici fort différente des premieres éditions de Paris.*

DISCOURS
SUR LA
TRAGÉDIE,
A MYLORD
BOLINGBROOKE.

I je dédie à un Anglois un Ouvrage représenté à Paris, ce n'est pas, MYLORD, qu'il n'y ait aussi dans ma Patrie des Juges très-éclairés, & d'excellens Esprits auxquels j'eusse pu rendre cet hommage. Mais vous sçavez que la Tragédie de Brutus est née en Angleterre : Vous vous souvenez que lorsque j'étois retiré à Wandsworth, chez mon ami M. Faukener, ce digne & vertueux citoyen, je m'occupai chez lui à écrire en prose angloise le premier Acte de cette Piéce, à peu près tel qu'il est aujourd'hui en vers François. Je vous en parlois quelquefois, & nous nous étonnions qu'aucun Anglois n'eût traité ce sujet, qui de tous est peut-être le plus convenable à votre Théâtre. Vous

m'encouragiez à continuer un ouvrage susceptible de si grands sentimens.

Souffrez donc que je vous presente BRUTUS, quoiqu'écrit dans une autre langue, *docte sermones utriusque linguæ*, à vous qui me donneriez des leçons de françois aussi-bien que d'anglois, à vous qui m'aprendriez du moins à rendre à ma langue cette force & cette énergie qu'inspire la noble liberté de penser; car les sentimens vigoureux de l'ame passent toujours dans le langage, & qui pense fortement, parle de même.

Je vous avoue, MYLORD, qu'à mon retour d'Angleterre, où j'avois passé deux années dans une étude continuelle de votre langue, je me trouvai embarrassé, lorsque je voulus composer une Tragédie françoise. Je m'étois presque accoutumé à penser en anglois: je sentois que les termes de ma langue ne venoient plus se présenter à mon imagination avec la même abondance qu'auparavant; c'étoit comme un ruisseau dont la source avoit été détournée; il me falut du tems & de la peine pour le faire couler dans son premier lit. Je compris bien alors que pour réussir dans un art, il le faut cultiver toute sa vie.

Ce qui m'effraya le plus en rentrant dans cette carriere, ce fut la sévérité de notre Poësie, & l'esclavage de la rime. (*) Je regrettois cette heureuse liberté que vous avez d'écrire vos Tragédies en vers non rimés, d'allonger, & sur-tout d'accourcir presque tous vos mots, de faire enjamber les vers, les uns sur les autres, & de créer dans le besoin des termes nouveaux, qui sont toujours adoptés chez vous, lorsqu'ils sont sonores, intelligibles & nécessaires. Un Poëte An-

─────────────
(*) De la rime & de la difficulté de la Versification françoise.

glois, disois-je, est un homme libre qui asservit sa langue à son génie ; le François est un esclave de la rime, obligé de faire quelquefois quatre vers, pour exprimer une pensée qu'un Anglois peut rendre en une seule ligne. L'Anglois dit tout ce qu'il veut, le François ne dit que ce qu'il peut. L'un court dans une carriere vaste, & l'autre marche avec des entraves dans un chemin glissant & étroit.

Malgré toutes ces réflexions & toutes ces plaintes, nous ne pourrons jamais secouer le joug de la rime, elle est essentielle à la Poësie françoise. Notre langue ne comporte point d'inversions, nos vers ne souffrent point d'enjambement : nos syllabes ne peuvent produire une harmonie sensible par leurs mesures longues ou bréves : nos césures & un certain nombre de pieds ne suffiroient pas pour distinguer la Prose d'avec la Versification ; la rime est donc nécessaire aux vers françois.

De plus, tant de Grands Maîtres qui ont fait des vers rimés, tels que les Corneilles, les Racines, les Despreaux, ont tellement accoutumé nos oreilles à cette harmonie, que nous n'en pourrions pas suporter d'autres ; & je le répete encore, quiconque voudroit se délivrer d'un fardeau qu'a porté le Grand Corneille, seroit regardé avec raison, non pas comme un génie hardi qui s'ouvre une route nouvelle, mais comme un homme très-foible qui ne peut pas se soutenir dans l'ancienne carriere.

On a tenté de nous donner des Tragédies (*) en prose ; mais je ne crois pas que cette entreprise puisse desormais réussir ; qui a le plus ne sçauroit se contenter du moins. On sera toujours mal venu à dire au Public, je viens diminuer votre plaisir. Si au milieu des ta-

───────────
(*) Tragédies en prose.

bleaux de Rubens ou de Paul Veronese; quelqu'un venoit placer ses desseins au crayon, n'auroit-il pas tort de s'égaler à ces Peintres? On est accoutumé dans les Fêtes, à des danses & à des chants; seroit-ce assez de marcher & de parler, sous prétexte qu'on marcheroit & qu'on parleroit bien, & que cela seroit plus aisé & plus naturel?

Il y a grande aparence qu'il faudra toujours des vers sur tous les Théâtres tragiques, & de plus, toujours des rimes sur le nôtre. C'est même à cette contrainte de la rime, & à cette sévérité extrême de notre versification, que nous devons ces excellens ouvrages que nous avons dans notre langue.

Nous voulons que la rime ne coûte jamais rien aux pensées, qu'elle ne soit ni triviale ni trop recherchée; nous exigeons rigoureusement dans un vers la même pureté, la même exactitude que dans la prose. Nous ne permettons pas la moindre licence; nous demandons qu'un Auteur porte sans discontinuer toutes ces chaînes, & cependant qu'il paroisse toujours libre, & nous ne reconnoissons pour Poëtes (*) que ceux qui ont rempli toutes ces conditions.

Voilà pourquoi il est plus aisé de faire cent vers en toute autre langue, que quatre vers en françois. L'exemple de notre abbé Regnier Desmarais de l'Académie Françoise & de celle *de la Crusca*, en est une preuve bien évidente. Il traduisit Anacréon en italien avec succès, & ses vers françois sont, à l'exception de deux ou trois quatrains, au rang des plus médiocres. Notre *Ménage* étoit dans le même cas; & combien de nos beaux Esprits ont fait de très-beaux vers latins,

(*) Exemples de la difficulté des vers françois.

& n'ont pu être suportables en leur langue ?

Je sçais combien de disputes j'ai essuyées sur notre versification en Angleterre, & quels reproches me fait souvent le sçavant évêque de Rochester sur cette contrainte puérile, qu'il prétend que nous nous imposons de gayeté de cœur. Mais soyez persuadé, MYLORD, que plus un étranger connoîtra notre langue, & plus il se reconciliera avec cette rime (*) qui l'effraye d'abord. Non-seulement elle est nécessaire à notre Tragédie, mais elle embellit nos Comédies même. Un bon mot en vers en est retenu plus aisément ; les portraits de la vie humaine seront toujours plus frapans en vers qu'en prose, & qui dit *Vers* en françois, dit nécessairement des vers rimés ; en un mot, nous avons des Comédies en prose du célébre Moliere, que l'on a été obligé de mettre en vers après sa mort, & qui ne sont plus jouées que de cette maniere nouvelle.

Ne pouvant, MYLORD, hazarder sur le Théâtre François des vers non rimés †, tels qu'ils sont en usage en Italie & en Angleterre, j'aurois du moins voulu transporter sur notre Scene certaines beautés de la vôtre. Il est vrai, & je l'avouë, que le Théâtre Anglois est bien défectueux : J'ai entendu de votre bouche, que vous n'aviez pas une bonne Tragédie ; mais en récompense dans ces pieces si monstrueuses, vous avez des Scenes admirables. Il a manqué jusqu'à present à presque tous les Auteurs Tragiques de votre nation, cette pureté, cette conduite réguliere, ces bienséances de l'action & du stile, cette élegance, & toutes ces finesses de l'art, qui ont établi la réputation du Théâtre François de-

(*) La rime plaît aux François, même dans les Comédies.

(†) Caractere du Théâtre Anglois.

puis le Grand Corneille. Mais vos pieces les plus irrégulieres ont un grand mérite, c'est celui de l'action.

Nous avons en France des Tragédies estimées, qui sont plutôt des conversations qu'elles ne sont la representation d'un évenement. Un Auteur Italien m'écrivoit dans une lettre sur les Théâtres : " Un critico del nostro Pastor
» fido disse che quel componimento era un
» riassunto di bellissimi madrigali, credo, se
» vivesse che direbbe delle Tragédie Francesi
» che sono un riassunto di belle Elegie & sontuosi epitalami.

J'ai bien peur que cet Italien n'ait trop raison. Notre délicatesse excessive nous force quelquefois à mettre en recit ce que nous voudrions exposer aux yeux. Nous craignons de hazarder sur la Scene des spectacles nouveaux devant une nation accoutumée à tourner en ridicule tout ce qui n'est pas d'*usage*.

L'endroit où l'on jouë la Comédie, & les abus (*) qui s'y sont glissés, sont encore une cause de cette secheresse qu'on peut reprocher à quelques-unes de nos pieces. Les bancs qui sont sur le Théâtre destinés aux spectateurs, retrecissent la Scene, & rendent toute action presque impraticable. Ce défaut est cause que les décorations tant recommandées par les Anciens, sont rarement convenables à la piece. Il empêche sur tout que les Acteurs ne passent d'un apartement dans un autre aux yeux des spectateurs, comme les Grecs & les Romains le pratiquoient sagement, pour conserver à la fois l'unité de lieu & la vraisemblance.

Comment oserions-nous sur nos Théâtres faire paroître)†), par exemple, l'ombre de Pompée, ou le génie de Brutus, au milieu de

_____
(*) Défaut du Théâtre François.
(†) Exemple du Caton Anglois.

SUR LA TRAGEDIE.

tant de jeunes gens qui ne regardent jamais les choses les plus sérieuses que comme l'occasion de dire un bon mot? Comment aporter au milieu d'eux sur la scene, le corps de Marcus, devant Caton son pere, qui s'écrie: " Heu- » reux jeune homme, tu es mort pour ton » païs! O mes amis, laissez-moi compter ces » glorieuses blessures! Qui ne voudroit mou- » rir ainsi pour la patrie? Pourquoi n'a-t'on » qu'une vie à lui sacrifier?.... Mes amis ne » pleurez point ma perte, ne regretez point » mon fils, pleurez Rome, la maitresse du » monde n'est plus, ô liberté! ô ma patrie!... » ô vertu! &c.

Voilà ce que feu M. Adisson ne craignit point de faire representer à Londres; voilà ce qui fut joué, traduit en Italien, dans plus d'une Ville d'Italie. Mais si nous hazardions à Paris un tel spectacle, n'entendez-vous pas déja le Parterre qui se récrie? Et ne voyez-vous pas nos femmes qui détournent la tête?

Vous n'imagineriez pas à quel point va cette délicatesse. L'Auteur de notre Tragédie de Manlius prit son sujet de la piece Angloise de M. Otway, intitulée, *Venise sauvée*. Le sujet est tiré de l'Histoire de la conjuration du Marquis de Bedemar, écrite par l'Abbé de S. Réal; & permettez-moi de dire en passant que ce morceau d'Histoire, égal peut-être à Saluste, est fort au-dessus & de la piece d'Otway & de notre Manlius. (*)

Premierement, vous remarquez le préjugé qui a forcé l'Auteur François à déguiser sous des noms Romains une avanture connuë, que l'Anglois a traitée naturellement sous les noms véritables. On n'a point trouvé ridicule au Théâtre de Londres, qu'un Ambassadeur Es-

(*) Comparaison du Manlius de M. de la Fosse, avec la Venise de M. Otway.

pagnol s'apellât Bedemar ; & que des Conjurés eussent le nom de Jaffier, de Jacques-Pierre, d'Eliot ; cela seul en France eût pu faire tomber la piece.

Mais voyez qu'Otway ne craint point d'assembler tous les Conjurés. Renaud prend leurs sermens, assigne à chacun son poste, prescrit l'heure du carnage, & jette de tems en tems des regards inquiets & soupçonneux sur Jaffier dont il se défie. Il leur fait à tous ce discours patétique, traduit mot pour mot de l'Abbé de S. Réal.

Jamais repos si profond ne préceda un trouble si grand. Notre bonne destinée a aveuglé les plus clair-voyans de tous les hommes, rassuré les plus timides, endormi les plus soupçonneux, confondu les plus subtils : nous vivons encore, mes chers amis ... nous vivons, & notre vie sera bien-tôt funeste aux Tyrans de ces lieux, &c.

Qu'a fait l'Auteur François ? Il a craint de hazarder tant de personnages sur la Scene ; il se contente de faire reciter par *Renaud* sous le nom de *Rutile*, une foible partie de ce même discours qu'il vient, dit-il, de tenir aux Conjurés. Ne sentez-vous pas par ce seul exposé combien cette Scene Angloise est au-dessus de la Françoise, la piece d'Otway fut-elle d'ailleurs monstrueuse.

Avec quel plaisir n'ai-je point vu à Londres votre Tragédie de Jules-César, qui depuis cent cinquante années fait les délices de votre nation ? (*) Je ne prétens pas assurément aprouver les irrégularités barbares dont elle est remplie. Il est seulement étonnant qu'il ne s'en trouve pas davantage dans un ouvrage composé dans un Siécle d'ignorance, par un homme qui même ne sçavoit pas le latin, & qui n'eut de Maître que son génie ; mais au milieu de tant de

fautes

(*) Examen de Jules-César de Shakespear.

fautes grossieres, avec quel ravissement je voyois Brutus tenant encore un poignard teint du sang de César, assembler le peuple Romain, & lui parler ainsi du haut de la Tribune aux Harangues.

Romains, Compatriotes, Amis, s'il est quelqu'un de vous qui ait été attaché à César, qu'il sçache que Brutus ne l'étoit pas moins : Oui, je l'aimois, Romains, & si vous me demandez pourquoi j'ai versé son sang, c'est que j'aimois Rome davantage ? Voudriez-vous voir César vivant, & mourir ses esclaves, plutôt que d'acheter votre liberté par sa mort ? César étoit mon ami, je le pleure ; il étoit heureux, j'aplaudis à ses triomphes ; il étoit vaillant, je l'honore ; mais il étoit ambitieux : je l'ai tué.

Y a-t'il quelqu'un parmi vous assez lâche pour regreter la servitude ? S'il en est un seul, qu'il parle, qu'il se montre ; c'est lui que j'ai offensé. Y a-t'il quelqu'un assez infâme pour oublier qu'il est Romain ? Qu'il parle, c'est lui seul qui est mon ennemi.

CHŒUR DES ROMAINS.

Personne, non, Brutus, personne.

BRUTUS.

Ainsi donc je n'ai offensé personne. Voici le corps du Dictateur qu'on vous aporte ; les derniers devoirs lui seront rendus par Antoine, par cet Antoine, qui n'ayant point eu de part au châtiment de César, en retirera le même avantage que moi & que chacun de vous, le bonheur inestimable d'être libre. Je n'ai plus qu'un mot à vous dire : J'ai tué de cette main mon meilleur ami pour le salut de Rome ; je garde ce même poignard pour moi, quand Rome demandera ma vie.

Tome II.

DISCOURS

LE CHŒUR.

Vivez, Brutus, vivez à jamais.

Après cette Scene., Antoine vient émouvoir de pitié ces mêmes Romains, à qui Brutus avoit inspiré sa rigueur & sa barbarie. Antoine par un discours artificieux ramene insensiblement ces esprits superbes, & quand il les voit radoucis, alors il leur montre le corps de César, & se servant des figures les plus patétiques, il les excite au tumulte & à la vengeance.

Peut-être les François ne souffriroient pas que l'on fit paroître sur leurs Théâtres un chœur composé d'artisans & de Plebeyens Romains; que le corps sanglant de César y fût exposé aux yeux du peuple, & qu'on excitât ce peuple à la vengeance du haut de la Tribune aux Harangues; c'est à la coutume, qui est la reine de ce monde, à changer le goût des nations, & à tourner en plaisir les objets de notre aversion.

Les Grecs ont hazardé des spectacles non moins révoltans pour nous. (*). Hippolite brisé par sa chute, vient compter ses blessures & pousser des cris douloureux. Philoctete tombe dans ses accès de souffrance, un sang noir coule de sa playe. Œdipe couvert du sang qui dégoute encore des restes de ses yeux qu'il vient d'arracher, se plaint des Dieux & des hommes. On entend les cris de Clitemnestre que son propre fils égorge ; & Electre crie sur le Théâtre : *Frapez, ne l'épargnez pas, elle n'a pas épargné notre pere.* Prométhée est attaché sur un Rocher avec des clous qu'on lui enfonce dans l'estomac & dans les bras. Les Furies ré-

---

(*) Spectacles horribles chez les Grecs.

pondent à l'ombre sanglante de Clitemneſtre par des heurlemens ſans aucune articulation. Beaucoup de Tragédies Grecques, en un mot, ſont remplies de cette erreur portée à l'excès.

Je ſçais bien que les Tragiques Grecs, d'ailleurs ſupérieurs aux Anglois, ont erré en prenant ſouvent l'horreur pour la terreur, & le dégoûtant & l'incroyable pour le tragique & le merveilleux. L'Art étoit dans ſon enfance à Athenes du tems d'Æſchyle, comme à Londres du tems de Shakeſpear; mais parmi les grandes fautes des Poëtes Grecs, & même des vôtres, on trouve un vrai patétique & de ſingulieres beautés : & ſi quelques François qui ne connoiſſent les Tragédies & les mœurs étrangeres que par des traductions & ſur des oui-dire, les condamnent ſans aucune reſtriction; ils ſont, ce me ſemble, comme des aveugles, qui aſſureroient qu'une roſe ne peut avoir de couleurs vives, parce qu'ils en compteroient les épines à tâtons.

Mais ſi les Grecs & vous, vous paſſez les bornes de la bienſéance, & ſi ſur tout les Anglois ont donné les ſpectacles effroyables, voulant en donner de terribles; nous autres François auſſi ſcrupuleux que vous avez été téméraires, nous nous arrêtons trop de peur de nous emporter, & quelquefois nous n'arrivons pas au tragique, dans la crainte d'en paſſer les bornes.

Je ſuis bien loin de propoſer que la Scéne devienne un lieu de carnage, comme elle l'eſt dans Shakeſpear, & dans ſes ſucceſſeurs, qui n'ayant pas ſon génie, n'ont imité que ſes défauts; mais j'oſe croire qu'il y a des ſituations qui ne paroiſſent encore que dégoûtantes & horribles aux François, & qui bien ménagées, repreſentées avec art, & ſur tout adoucies par le charme des beaux vers, pouroient nous faire une sorte de plaisir, dont nous ne nous doutons pas.

Il n'est point de serpent ni de monstre odieux,
Qui par l'Art imité ne puisse plaire aux yeux.

Du moins que l'on me dise pourquoi il est permis à nos Héros & à nos Héroïnes de Théâtres de se tuer, & qu'il leur est défendu de tuer personne ? La Scene est-elle moins ensanglantée par la mort d'Atalide qui se poignarde pour son amant, qu'elle ne le seroit par le meurtre de César ? Et si le spectacle du fils de Caton qui paroît mort aux yeux de son pere, est l'occasion d'un discours admirable de ce vieux Romain, si ce morceau a été aplaudi en Angleterre & en Italie par ceux qui sont les plus grands partisans de la bienséance françoise, si les femmes les plus délicates n'en ont point été choquées, pourquoi les François ne s'y accoutumeroient-ils pas ? La Nature n'est-elle pas la même dans tous les hommes ?

Toutes ces loix de ne point ensanglanter la Scene (*), de ne point faire parler plus de trois interlocutoires, &c. sont des loix qui, ce me semble, pourroient avoir quelques exceptions parmi nous, comme elles en ont eu chez les Grecs ; il n'en est pas des régles de la bienséance toujours un peu arbitraire, comme des régles fondamentales du Théâtre qui sont les trois unités. Il y auroit de la foiblesse & de la stérilité à étendre une action au-delà de l'espace du tems & du lieu convenables. Demandez à quiconque aura inseré dans une piece trop d'évenemens, la raison de cette faute : s'il est de bonne foi, il vous dira qu'il n'a pas eu assez de génie pour remplir sa piece d'un seul fait ; & s'il prend deux jours & deux

(*) Bienséances & unités.

villes pour son action, croyez que c'est parce qu'il n'auroit pas eu l'adresse de la resserrer dans l'espace de trois heures, & dans l'enceinte d'un Palais, comme l'exige la vraisemblance.

Il en est tout autrement de celui qui hazarderoit un spectacle horrible sur le Théâtre; il ne choqueroit point la vraisemblance, & cette hardiesse loin de suposer de la foiblesse dans l'Auteur, demanderoit au contraire un grand génie, pour mettre par ses vers de la véritable grandeur dans une action, qui sans un stile sublime, ne seroit qu'atroce & dégoûtante.

Voilà ce qu'a osé tenter une fois notre Grand Corneille dans sa Rodogune (*). Il fait paroître une mere, qui en presence de sa cour & d'un Ambassadeur, veut empoisonner son fils & sa belle fille, après avoir tué son autre fils de sa propre main; elle leur presente la coupe empoisonnée, & sur leur refus & leurs soupçons, elle la boit elle-même, & meurt du poison qu'elle leur destinoit.

Des coups aussi terribles ne doivent pas être prodigués, & il n'apartient pas à tout le monde d'oser les fraper. Ces nouveautés demandent une grande circonspection, & une execution de Maître. Les Anglais eux-mêmes avouënt que Shakespear, par exemple, a été le seul parmi eux qui ait pu faire évoquer & parler des ombres avec succès.

Within that circle none durst move but he.

Plus une action théâtrale est majestueuse ou effrayante (†), plus elle deviendroit insipide, si elle étoit souvent répetée; à peu près comme les détails de batailles, qui étant par

(*) Cinquiéme Acte de Rodogune.
(†) Pompe & dignité du spectacle dans la Tragédie.

eux-mêmes ce qu'il y a de plus terrible, deviennent froids & ennuyeux, à force de reparoître souvent dans les Histoires.

La seule piece où M. Racine ait mis du spectacle, c'est son chef-d'œuvre d'Athalie. On y voit un enfant sur un thrône, sa nourrice & des Prêtres qui l'environnent ; une Reine qui commande à ses soldats de le massacrer, des Lévites armés qui accourent pour le défendre. Toute cette action est patétique ; mais si le stile ne l'étoit pas aussi, elle n'etoit que puérile.

Plus on veut fraper les yeux par un apareil éclatant, plus on s'impose la nécessité de dire de grandes choses ; autrement on ne seroit qu'un décorateur, & non un Poëte Tragique. Il y a près de trente années qu'on représenta la Tragédie de Montesume à Paris, la Scene ouvroit par un spectacle nouveau ; c'étoit un Palais d'un goût magnifique & barbare ; Montesume paroissoit avec un habit singulier ; des esclaves armés de fléches étoient dans le fond ; autour de lui étoient huit grands de sa cour, prosternés le visage contre terre ; Montesume commençoit la piece en leur disant :

Levez-vous, votre Roi vous permet aujourd'hui,
Et de l'envisager, & de parler à lui.

Ce spectacle charma, mais voilà tout ce qu'il y eut de beau dans cette Tragédie.

Pour moi j'avoue que ce n'a pas été sans quelque crainte que j'ai introduit sur la Scene Françoise le Sénat de Rome en robes rouges, allant aux opinions. Je me souvenois que lorsque j'introduisis autrefois dans Œdipe un Chœur de Thébains qui disoit :

O Mort ! nous implorons ton funeste secours,

SUR LA TRAGEDIE.

O Mort ! viens nous sauver, viens terminer nos jours.

Le Parterre au lieu d'être frapé du patétique qui pouvoit être en cet endroit, ne sentit d'abord que le prétendu ridicule d'avoir mis ces vers dans la bouche d'Acteurs peu accoutumés, & il fit un éclat de rire. C'est ce qui m'a empêché dans Brutus de faire parler les Sénateurs, quand Titus est accusé devant eux, & d'augmenter la terreur de la situation, en exprimant l'étonnement & la douleur de ces Peres de Rome, qui sans doute devoient marquer leur surprise autrement que par un jeu muet qui même n'a pas été executé.

Au reste, MYLORD, s'il y a quelques endroits passables dans cet Ouvrage, il faut que j'avouë que j'en ai l'obligation à des amis qui pensent comme vous. Ils m'encourageoient à tempérer l'austerité de Brutus par l'amour paternel, afin qu'on admirât & qu'on plaignît l'effort qu'il se fait en condamnant son fils. Ils m'exhortoient à donner à la jeune Tullie un caractere de tendresse & d'innocence, parce que si j'en avois fait une Heroïne altiere, qui n'eut parlé à Titus que comme à un sujet qui devoit servir son Prince, alors Titus auroit été avili, & l'Ambassadeur eût été inutile)*). Ils vouloient que Titus fût un jeune homme furieux dans ses passions, aimant Rome & son Pere, adorant Tullie, se faisant un devoir d'être fidéle au Sénat même dont il se plaignoit, & emporté loin de son devoir par une passion dont il avoit cru être le maître.

En effet, si Titus avoit été de l'avis de sa maîtresse, & s'étoit dit à lui-même de bonnes raisons en faveur des Rois, Brutus alors n'eût

(*) Conseils d'un excellent Critique.

été regardé que comme un chef de rebelles, Titus n'auroit plus eu de remors, son pere n'eût plus excité la pitié.

Gardez, me disoient-ils, que les deux enfans de Brutus paroissent sur la Scene ; vous sçavez que l'intérêt est perdu quand il se partage ; mais sûr tout que votre piece soit simple ; imitez cette beauté des Grecs, croyez que la multiplicité des évenemens & des intérêts compliqués, n'est que la ressource des génies stériles, qui ne sçavent pas tirer d'une seule passion de quoi faire cinq Actes. Tâchez de travailler chaque Scene comme si c'étoit la seule que vous eussiez à écrire. Ce sont les beautés de détail qui soutiennent les Ouvrages en vers, & qui les font passer à la posterité. C'est souvent la maniere singuliere de dire des choses communes ; c'est cet art d'embellir par la diction ce que pensent, & ce que sentent tous les hommes, qui fait les grands Poetes. Il n'y a ni sentimens recherchés, ni avanture Romanesque dans le quatriéme Livre de Virgile ; il est tout naturel, & c'est l'effort de l'esprit humain. M. Racine n'est si au-dessus des autres qui ont tous dit les mêmes choses que lui, que parce qu'il les a mieux dites. Corneille n'est véritablement Grand, que quand il s'exprime aussi-bien qu'il pense. Souvenez-vous de ce précepte de M. Despreaux,

Et que tout ce qu'il dit facile à retenir,
De son Ouvrage en vous laisse un long souvenir.

Voilà ce que n'ont point tant d'ouvrages dramatiques, que l'art d'un Acteur, & la figure & la voix d'une Actrice ont fait valoir sur nos Théâtres. Combien de pieces mal écrites ont eu plus de représentations que Cinna &

Britannicus; mais on n'a jamais retenu deux vers de ces foibles Poëmes, au lieu qu'on sçait Britannicus & Cinna par cœur. En vain le Regulus de Pradon a fait verser des larmes par quelques situations touchantes, l'ouvrage & tous ceux qui lui ressemblent sont méprisés, tandis que leurs Auteurs s'aplaudissent dans leurs préfaces.

Il me semble, MYLORD, que vous m'allez demander comment des critiques si judicieux ont pu me permettre de parler d'amour (*) dans une Tragédie dont le titre est JUNIUS BRUTUS, & de mêler cette passion avec l'austere vertu du Sénat Romain, & la politique d'un Ambassadeur?

On reproche à notre nation d'avoir amolli le Théâtre par trop de tendresse, & les Anglois méritent bien le même reproche depuis près d'un siécle; car vous avez toujours un peu pris nos modes & nos vices. Mais me permettrez-vous de vous dire mon sentiment sur cette matière?

Vouloir de l'amour dans toutes les Tragédies, me paroît un goût efféminé; l'en proscrire toujours est une mauvaise humeur bien déraisonnable.

Le Théâtre soit Tragique, soit Comique, est la peinture vivante des passions humaines; l'ambition d'un Prince est représentée dans la Tragédie; la Comédie tourne en ridicule la vanité d'un Bourgeois. Ici vous riez de la coquetterie & des intrigues d'une citoyenne; là vous pleurez la malheureuse passion de Phédre; de même l'amour vous amuse dans un Roman, & il vous transporte dans la Didon de Virgile.

L'amour dans une Tragédie n'est pas plus un défaut essentiel, que dans l'Eneïde; il n'est à

(*) De l'amour.

reprendre, que quand il eſt amené mal à propos, ou traité ſans art.

Les Grecs ont rarement hazardé cette paſſion ſur le Théâtre d'Athénes. Premierement, parce que leurs Tragédies n'ayant roulé d'abord que ſur des ſujets terribles, l'eſprit des ſpectateurs étoit plié à ce genre de ſpectacles; ſecondement, parce que les femmes menoient une vie infiniment plus retirée que les nôtres, & qu'ainſi le langage de l'amour n'étant pas comme aujourd'hui le ſujet de toutes les converſations, les Poëtes en étoient moins invités à traiter cette paſſion, qui de toutes eſt la plus difficile à repreſenter, par les ménagemens infinis qu'elle demande.

Une troiſiéme raiſon qui me paroît aſſez forte, c'eſt que l'on n'avoit point de Comédiennes; les rôlles de femmes étoient joués par des hommes maſqués. Il ſemble que l'amour eut été ridicule dans leur bouche.

C'eſt tout le contraire à Londres & à Paris, & il faut avouer que les Auteurs n'auroient guéres entendu leurs intérêts, ni connu leur auditoire, s'ils n'avoient jamais fait parler les Oldfields, ou les Duclos & les Lecouvreur; que d'ambition & de politique!

Le mal eſt que l'amour n'eſt ſouvent chez nos Héros de Théâtre que de la galanterie, & que chez les vôtres il dégenere quelquefois en débauche.

Dans notre Alcibiade, piece très-ſuivie, mais foiblement écrite, & ainſi peu eſtimée, on a admiré long-tems ces mauvais vers que recitoit d'un ton ſéduiſant l'Eſopus du dernier ſiécle.

Ah! lorſque pénétré d'un amour véritable,
Et gémiſſant aux pieds d'un objet adorable,
J'ai connu dans ſes yeux timides ou diſtraits

SUR LA TRAGEDIE.

Que mes soins de son cœur ont pu troubler la paix,
Que par l'aveu secret d'une ardeur mutuelle,
La mienne a pris encore une force nouvelle ;
Dans ces momens si doux, j'ai cent fois éprouvé
Qu'un mortel peut goûter un bonheur achevé.

Dans votre Venise sauvée, le vieux Renaud veut violer la femme de Jaffier, & elle s'en plaint en termes assez indécens, jusqu'à dire qu'il est venu à elle  déboutonné.

Pour que l'amour soit digne du Théâtre Tragique, il faut qu'il soit le nœud nécessaire de la piece, & non qu'il soit amené par force pour remplir le vuide de vos Tragédies & des nôtres qui sont toutes trop longues ; il faut que ce soit une passion véritablement tragique, regardée comme une foiblesse, & combattuë par des remors : Il faut ou que l'amour conduise aux malheurs & aux crimes, pour faire voir combien il est dangereux, ou que la vertu en triomphe, pour montrer qu'elle n'est pas invincible ; sans cela ce n'est plus qu'un amour d'Eglogue ou de Comédie.

C'est à vous, MY LORD, à décider si j'ai rempli quelques-unes de ces conditions ; mais que vos amis daignent sur tout ne point juger du génie & du goût de notre nation par ce discours, & par cette Tragédie que je vous envoye. Je suis peut-être un de ceux qui cultivent les Lettres en France avec moins de succès ; & si les sentimens que je soumets ici à votre censure, sont desaprouvés, c'est à moi seul qu'en apartient le blâme.

ACTEURS.

JUNIUS BRUTUS, } Consuls.
VALERIUS PUBLICOLA,

TITUS, fils de Brutus.

TULLIE, fille de Tarquin.

ALGINE, confidente de Tullie.

ARONS, Ambassadeur de Porsenna.

MESSALA, ami de Titus.

PROCULUS, Tribun Militaire.

ALBIN, confident d'Arons.

SÉNATEURS.

LICTEURS.

La Scene est à Rome.

BRUTUS TRAGEDIE.

BRUTUS, TRAGÉDIE.

✠✠✠✠✠✠✠✠✠✠✠✠✠✠✠✠✠✠✠✠✠

ACTE PREMIER.
SCENE I.

Le Théâtre représente une partie de la maison des Consuls sur le Mont Tarpeïen; le Temple du Capitole se voit dans le fond. Les Sénateurs sont assemblés entre le Temple & la maison devant l'Autel de Mars. Brutus & Valerius Publicola, Consuls, président à cette assemblée; les Sénateurs sont rangés en demi cercle. Des Licteurs avec leurs faisceaux sont derriere les Sénateurs.

BRUTUS.

DESTRUCTEURS des Tyrans,
 vous qui n'avez pour Rois
Que les Dieux de Numa, nos Vertus,
 & nos Loix;
Enfin, notre ennemi commence à nous connaître.

Ce superbe Toscan, qui ne parloit qu'en Maître,

Porsenna, de Tarquin ce formidable apui,

Ce Tyran, protecteur d'un Tyran comme lui,

Qui couvre, de son camp, les rivages du Tibre,

Respecte le Sénat, & craint un peuple libre.

Aujourd'hui devant vous, abaissant sa hauteur,

Il demande à traiter par un Ambassadeur ;

Arons qu'il nous député, en ce moment s'avance ;

Aux Sénateurs de Rome il demande audience ;

Il attend dans ce Temple : & c'est à vous de voir

S'il le faut refuser, s'il le faut recevoir.

VALERIUS PUBLICOLA.

Quoi qu'il vienne annoncer, quoi qu'on puisse en attendre ;

Il le faut à son Roi renvoyer, sans l'entendre ;

Tel est mon sentiment. Rome ne traite plus

Avec ses ennemis, que quand ils sont vaincus.

Votre fils, il est vrai, vengeur de sa Patrie,

A deux fois repoussé le Tyran d'Etrurie.

Je sçai tout ce qu'on doit à ses vaillantes mains ;

Je sçai qu'à votre exemple il sauva les Romains ;

Mais ce n'est point assez. Rome, assiégée encore,

Voit dans les Champs voisins ces Tyrans qu'elle abhorre.

Que Tarquin satisfasse aux ordres du Sénat,

Exilé par nos loix, qu'il sorte de l'état,

De son coupable aspect qu'il purge nos frontieres ;

Et nous pourrons ensuite écouter ses prieres.

TRAGEDIE.

Ce nom d'Ambassadeur a paru vous fraper;
Tarquin n'a pu nous vaincre, il cherche à nous tromper.
L'Ambassadeur d'un Roi m'est toujours redoutable,
Ce n'est qu'un ennemi, sous un titre honorable,
Qui vient, rempli d'orgueil, ou de dextérité,
Insulter ou trahir, avec impunité.
Rome ! n'écoute point leur séduisant langage ;
Tout art t'est étranger combattre est ton partage ;
Confonds tes ennemis de ta gloire irrités ;
Tombe, ou puni les Rois ; ce sont-là tes traités.

BRUTUS.

Rome sçait à quel point sa liberté m'est chere,
Mais, plein du même esprit, mon sentiment différe ;
Je vois cette ambassade au nom des Souverains,
Comme un premier hommage aux citoyens Romains ;
Accoutumons des Rois la fierté despotique,
A traiter en égale avec la Republique,
Attendant que du Ciel remplissant les décrets,
Quelque jour avec elle ils traitent en sujets.
Arons vient voir ici Rome encor chancelante,
Découvrir les ressorts de sa grandeur naissante,
Epier son génie, observer son pouvoir ;
Romains, c'est pour cela qu'il le faut recevoir.
L'ennemi du Sénat connoîtra qui nous sommes ;
Et l'esclave d'un Roi va voir enfin des hommes.

Que dans Rome à loisir il porte ses regards,
Il la verra dans vous, vous êtes ses remparts.
Qu'il révére en ces lieux le Dieu qui nous rassemble,
Qu'il paroisse au Sénat, qu'il l'écoute, & qu'il tremble.

Les Sénateurs se lévent, & s'aprochent un moment, pour donner leurs voix.

VALERIUS PUBLICOLA.

Je vois tout le Sénat passer à votre avis,
Rome & vous, l'ordonnez. A regret j'y souscris ;
Licteurs, qu'on l'introduise ; & puisse sa présence,
N'aporter en ces lieux rien dont Rome s'offense.

A Brutus.

C'est sur vous seuls ici que nos yeux sont ouverts :
C'est vous qui le premier avez rompu nos fers :
De notre liberté soutenez la querelle ;
Brutus en est le pere, & doit parler pour elle.

SCENE II.

LE SENAT, ARONS, ALBIN, SUITE.

Arons entre par le côté du Théâtre, précédé de deux Licteurs, & d'Albin son confident ; il passe devant les Consuls & le Sénat, qu'il salue ; & il va s'asseoir sur un siege préparé pour lui sur le devant du Théâtre.

ARONS.

Consuls, & vous Sénat, qu'il m'est doux d'être admis
Dans ce Conseil sacré de sages ennemis ;

De voir tous ces Héros, dont l'équité févére
N'eut jufques aujourd'hui qu'un reproche à fe
  faire ;
Témoin de leurs exploits, d'admirer leurs
  vertus,
D'écouter Rome enfin, par la voix de Brutus;
Loin des cris de ce Peuple indocile & bar-
  bare,
Que la fureur conduit, réunit & fépare,
Aveugle dans fa haine, aveugle en fon amour,
Qui menace & qui craint, regne & fert en un
  jour ;
Dont l'audace . . . . . .

BRUTUS.

Arrêtez, fçachez qu'il faut qu'on nomme
Avec plus de refpect les citoyens de Rome;
La gloire du Sénat eft de repréfenter
Ce peuple vertueux, que l'on ofe infulter;
Quittez l'art avec nous, quittez la flatterie;
Ce poifon qu'on prepare à la cour d'Etrurie,
N'eft point encor connu dans le Sénat Ro-
  main.
Pourfuivez.

ARONS.

Moins piqué d'un difcours fi hautain,
Que touché des malheurs où cet Etat s'expofe,
Comme un de fes enfans j'embraffe ici fa caufe.

Vous voyez quel orage éclate autour de
  vous,
C'eft en vain que Titus en détourna les coups;
Je vois avec regret fa valeur & fon zèle
N'affurer aux Romains qu'une chute plus
  belle;
Sa victoire affoiblit vos remparts défolés.

Du sang qui les inonde ils semblent ébranlés;
Ah! ne refusez plus une paix nécessaire.
Si du Peuple Romain le Sénat est le pere,
Porsenna l'est des Rois, que vous persécutez.

Mais Vous, du nom Romain vengeurs si redoutés,
Vous des droits des mortels éclairés interprêtes,
Vous qui jugez les Rois, regardez où vous êtes;
Voici ce Capitole, & ces mêmes Autels,
Où jadis, attestant tous les Dieux immortels,
J'ai vu chacun de vous, brulant d'un autre zèle,
A Tarquin votre Roi, jurer d'être fidèle,
Quels Dieux ont donc changé les droits des Souverains?
Quel pouvoir a rompu des nœuds jadis si saints?
Qui du front de Tarquin ravit le Diadême?
Qui peut de vos sermens vous dégager?

BRUTUS.

Lui-même.
N'alleguez point ces nœuds que le crime à rompus,
Ces Dieux qu'il outragea, ces droits qu'il a perdus;
Nous avons fait, Arons, en lui rendant hommage,
Serment d'obéissance, & non point d'esclavage.
Et puisqu'il vous souvient d'avoir vu dans ces lieux
Le Sénat à ses pieds, faisant pour lui des vœux;

TRAGEDIE.

Songez qu'en ce lieu même à cet Autel auguste,
Devant ces mêmes Dieux, il jura d'être juste,
De son peuple & de lui tel étoit le lien ;
Il nous rend nos sermens, lorsqu'il trahit le sien,
Et dès qu'aux Loix de Rome il ose être infidèle,
Rome n'est plus sujette, & lui seul est rebelle.

ARONS.

Ah ! quand il seroit vrai que l'absolu pouvoir
Eût entraîné Tarquin par-delà son devoir,
Qu'il en eut trop suivi l'amorce enchanteresse ;
Quel homme est sans erreur ? & quel Roi sans foiblesse ?
Est-ce à vous de prétendre au droit de le punir ?
Vous nés tous ses sujets, vous, faits pour obéir!
Un fils ne s'arme point contre un coupable pere ;
Il détourne les yeux, le plaint, & le révére.
Les droits des Souverains, sont-ils moins précieux ?
Nous sommes leurs enfans, leurs juges sont les Dieux.
Si le Ciel quelquefois les donne en sa colere,
N'allez pas mériter un present plus sévére,
Trahir toutes les Loix en voulant les venger,
Et renverser l'Etat au lieu de le changer.
Instruit par le malheur (ce grand maître de l'homme)
Tarquin sera plus juste, & plus digne de Rome.
Vous pouvez raffermir par un accord heureux,
Des Peuples & des Rois les légitimes nœuds ;

Et faire encor fleurir la liberté publique,
Sous l'ombrage sacré du pouvoir monarchi-
  que.

BRUTUS.

Arons, il n'est plus tems ; chaque Etat a ses
  Loix,
Qu'il tient de sa nature, ou qu'il change à
  son choix ;
Esclaves de leurs Rois, & même de leurs
  Prêtres,
Les Toscans semblent nés pour servir sous des
  Maîtres ;
Et de leur chaîne antique adorateurs heureux,
Voudroient que l'Univers fût esclave comme
  eux.
La Grece entiere est libre, & la molle Ionie
Sous un joug odieux languit assujettie.
Rome eût ses Souverains, mais jamais abso-
  lus.
Son premier citoyen fut le grand Romulus ;
Nous partagions le poids de sa grandeur su-
  prême ;
Numa, qui fit nos Loix, y fut soumis lui-
  même ;
Rome enfin, je l'avoue, a fait un mauvais
  choix :
Chez les Toscans, chez-vous, elle a choisi ses
  Rois ;
Ils nous ont aporté du fond de l'Etrurie,
Les vices de leur Cour, avec la tyrannie.

Il se leve,

Pardonnez-nous, grands Dieux ! si le Peuple
  Romain
A tardé si long-tems à condamner Tarquin.

TRAGEDIE.

Le sang qui regorgea sous ses mains meurtrières,
De notre obéissance a rompu les barrieres.
Sous un Sceptre de fer tout ce peuple abattu,
A force de malheurs a repris sa vertu,
Tarquin nous a remis dans nos droits légitimes ;
Le bien public est né de l'excès de ses crimes ;
Et nous donnons l'exemple à ces mêmes Toscans,
S'ils pouvoient, à leur tour, être las des Tyrans.

Les Consuls descendent vers l'autel, & le Sénat se leve.

O Mars ! Dieu des Héros, de Rome & des batailles,
Qui combats avec nous, qui défens ces murailles !
Sur ton Autel sacré Mars, reçoi nos sermens,
Pour ce Sénat, pour moi, pour tes dignes enfans !
Si dans le sein de Rome il se trouvoit un traître,
Qui regrettât les Rois, & qui voulût un Maître,
Que le perfide meure au milieu des tourmens :
Que sa cendre coupable, abandonnée aux vents,
Ne laisse ici qu'un nom, plus odieux encore,
Que le nom des Tyrans, que Rome entiere abhorre.

ARONS.
Avançant vers l'Autel.

Et moi, sur cet Autel qu'ainsi vous profanez,

Je jure au nom du Roi que vous abandonnez,
Au nom de Porsenna vengeur de sa querelle,
A vous, à vos enfans, une guerre immortelle.

Les Sénateurs font un pas vers le Capitole.

Sénateurs, arrêtez, ne vous séparez pas ;
Je ne me suis pas plaint de tous vos attentats,
La fille de Tarquin dans vos mains demeurée,
Est-elle une victime, à Rome consacrée,
Et donnez-vous des fers à ses royales mains,
Pour mieux braver son pere, & tous les Souverains ?
Que dis-je ! tous ces biens, ces thrésors, ces richesses,
Que des Tarquins dans Rome épuisoient les largesses,
Sont-ils votre conquête ou vous sont-ils donnez ?
Est-ce pour les ravir que vous le déthrônez,
Sénat, si vous l'osez, que Brutus le dénie.

BRUTUS *se tournant vers* ARONS.

Vous connoissez bien mal, & Rome, & son génie.
Ces Peres des Romains, vengeurs de l'équité,
Ont blanchi dans la pourpre, & dans la pauvreté.
Au-dessus des thrésors, que sans peine ils vous cédent ;
Leur gloire est de domter les Rois qui les possedent.
Prenez cet Or, Arons, il est vil à nos yeux ;
Quant aux malheureux sang d'un Tyran odieux,
Malgré la juste horreur que j'ai pour sa famille,
Le Sénat à mes soins a confié sa fille.

TRAGEDIE.

Elle n'a point ici de ces respects flatteurs,
Qui des enfans des Rois enpoisonnent les cœurs ;
Elle n'a point trouvé la pompe & la molesse,
Dont la cour des Tarquins enyvra sa jeunesse.
Mais je sçai ce qu'on doit de bontés & d'honneur
A son sexe, à son âge, & sur-tout au malheur.
Dès ce jour en son camp que Tarquin la revoye,
Mon cœur même en conçoit une secrette joye,
Qu'aux Tyrans desormais rien ne reste en ces lieux,
Que la haine de Rome, & le courroux des Dieux.
Pour emporter au camp l'or qu'il faut y conduire,
Rome vous donne un jour : ce tems doit vous suffire ;
Ma maison cependant est votre sureté,
Jouissez-y des droits des l'hospitalité.
Voilà ce que par moi le Sénat vous annonce.
Ce soir à Porsenna reportez ma réponse.
Reportez-lui la guerre : & dites à Tarquin
Ce que vous avez vu, dans le Sénat Romain.

Aux Sénateurs.

Et nous du Capitole, allons orner le faîte
Des lauriers, dont mon fils vient de ceindre sa tête ;
Suspendons ces drapeaux, & ces dards tout sanglans,
Que ses heureuses mains ont ravis aux Toscans.
Ainsi puisse toujours, plein du même courage,

Mon sang digne de vous, vous servir d'âge en âge.
Dieux, protegez ainsi contre nos ennemis
Le Consulat du Pere, & les armes du fils!

SCENE III.

ARONS, ALBIN.

Qui sont suposés être entrés de la sale d'audience dans un autre apartement de la maison de Brutus.

ARONS.

AS-tu bien remarqué cet orgueil infléxible,
Cet esprit du Sénat, qui se croit invincible?
Il le seroit, Albin, si Rome avoit le tems
D'affermir cette audace au cœur de ses enfans;
Croi-moi, la liberté que tout mortel adore,
Que je veux leur ôter, mais que j'admire encore,
Donne à l'homme un courage, inspire une grandeur,
Qu'il n'eût jamais trouvés dans le fond de son cœur.
Sous le joug des Tarquins, la cour & l'esclavage
Amolissoit leurs mœurs, énervoit leur courage;
Leurs Rois trop occupés à domter leurs sujets,
De nos heureux Toscans, ne troubloient point la paix.
Mais si ce fier Sénat réveille leur génie,
Si Rome est libre, Albin, c'est fait de l'Italie.

Ces

TRAGEDIE.

Ces lions que leur maître avoit rendus plus
    doux,
Vont reprendre leur rage, & s'élancer sur
    nous.
Etouffons dans leur sang la semence féconde,
Des maux de l'Italie, & des troubles du
    monde :
Affranchissons la terre, & donnons aux Ro-
    mains
Ces fers qu'ils destinoient au reste des hu-
    mains.
Messala viendra-t-il ? pourrai-je ici l'entendre ?
Osera-t-il . . . . . .

ALBIN.

          Seigneur, il doit ici se rendre
A toute heure il vient. Titus est son apui.

ARONS.

As-tu pu lui parler ? puis-je compter sur lui ?

ALBIN.

Seigneur, où je me trompe, ou Messala cons-
    pire,
Pour changer ses destins plus que ceux de
    l'Empire.
Il est ferme, intrépide, autant que si l'hon-
    neur,
Ou l'amour du pays excitoit sa valeur ;
Maître de son secret, & maître de lui-même ;
Impénétrable & calme en sa fureur extrême.

ARONS.

Tel autrefois dans Rome il parut à mes yeux,
Lorsque Tarquin, regnant, me reçut dans ces
    lieux.
Et ses Lettres depuis, ... mais je le vois pa-
    raître.

SCENE IV.

ARONS, MESSALA, ALBIN.

ARONS.

Généreux Messala, l'apui de votre maître,
Hé bien l'or de Tarquin, les presens de mon Roi
Des Sénateurs Romains n'ont pu tenter la foi !
Les plaisirs d'une cour, l'espérance, la crainte,
A ces cœurs endurcis, n'ont pu porter d'atteinte !
Ces fiers Patriciens, sont-ils autant de Dieux
Jugeant tous les mortels, & ne craignant rien d'eux ?
Sont-ils sans passion, sans intérêt, sans vice ?

MESSALA.

Ils osent s'en vanter ; mais leur feinte justice,
Leur âpre austérité, que rien ne peut gagner,
N'est dans ces cœurs hautains que la soif de régner :
Leur orgueil foulé aux pieds l'orgueil du diadême ;
Ils ont brisé le joug, pour l'imposer eux-mêmes :
De notre liberté ces illustres vengeurs,
Armés pour la défendre, en sont les opresseurs :
Sous les noms séduisans, de Patrons, & de Peres,
Ils affectent des Rois les démarches altiéres ;
Rome a changé de fers, & sous le joug des Grands,

TRAGEDIE.

Pour un Roi qu'elle avoit, a trouvé cent Tyrans.

ARONS.
Parmi vos citoyens, en est-il d'assez sage,
Pour détester tout bas cet indigne esclavage?

MESSALA.
Peu sentent leur état, leurs esprits égarés,
De ce grand changement sont encor enyvrés;
Le plus vil citoyen, dans sa bassesse extrême,
Ayant chassé les Rois, pense être Roi lui-meme.
Mais je vous l'ai mandé, Seigneur, j'ai des amis,
Qui sous ce joug nouveau sont à regret soumis,
Qui dédaignant l'erreur des peuples imbéciles,
Dans ce torrent fougueux restent seuls immobiles;
Des mortels éprouvés, dont la tête & le bras
Sont faits pour ébranler, ou changer, les Etats.

ARONS.
De ces braves Romains que faut-il que j'espere?
Serviront-ils leur Prince?

MESSALA.
   Ils sont prêts à tout faire;
Tout leur sang est à vous; mais ne prétendez pas
Qu'en aveugles sujets ils servent des ingrats;
Ils ne se piquent point du devoir fanatique
De servir de victime au pouvoir despotique,
Ni du zèle insensé de courir au trépas,
Pour venger un Tyran qui ne le connoît pas.

K 2

Tarquin promet beaucoup, mais devenu leur maître
Il les oubliera tous, ou les craindra peut-être.
Je connois trop les grands : dans le malheur amis,
Ingrats dans la fortune, & bien-tôt ennemis.
Nous sommes de leur gloire un instrument servile,
Rejetté par dedain, dès qu'il est inutile,
Et brisé sans pitié, s'il devient dangereux.
A des conditions on peut compter sur eux ;
Ils demandent un chef, digne de leur courage,
Dont le nom seul impose à ce peuple volage ;
Un chef assez puissant, pour obliger le Roi,
Même après le succès, à nous tenir sa foi ;
Ou si de nos desseins la trame est découverte,
Un chef assez hardi pour venger notre perte.

ARONS.
Mais vous m'aviez écrit que l'orgueilleux Titus...

MESSALA.
Il est l'apui de Rome, il est fils de Brutus ;
Cependant........

ARONS.
   De quel œil voit-il les injustices,
Dont ce Sénat superbe a payé ses services ?
Lui seul a sauvé Rome & toute sa valeur
En vain du Consulat lui mérita l'honneur ;
Je sçai qu'on le refuse.

MESSALA.
    Et je sçai qu'il murmure :
Son cœur altier & prompt est plein de cette injure ;

TRAGEDIE.

Pour toute récompense il n'obtient qu'un vain bruit,
Qu'un triomphe frivole, un éclat qui s'enfuit.
J'observe d'assez près son ame impérieuse,
Et de son fier courroux la fougue impétueuse ;
Dans le champ de la gloire il ne fait que d'entrer ;
Il y marche en aveugle, on l'y peut égarer ;
La bouillante jeunesse est facile à séduire ;
Mais que de préjugés nous aurions à détruire !
Rome, un Consul, un pere, & la haine des Rois,
Et l'horreur de la honte, & sur-tout ses exploits.
Connoissez donc Titus, voyez toute son ame,
Le courroux qui l'aigrit, le poison qui l'enflamme ;
Il brûle pour Tullie.

ARONS.
Il l'aimeroit ?

MESSALA.
Seigneur,
A peine ai-je arraché ce secret de son cœur,
Il en rougit lui-même : & cette ame inflexible
N'ose avouer qu'elle aime, & craint d'être sensible ;
Parmi les passions dont il est agité,
Sa plus grande fureur est pour la liberté.

ARONS.
C'est donc des sentimens & du cœur d'un seul homme
Qu'aujourd'hui, malgré moi, dépend le sort de Rome !

A Albin.

Ne nous rebutons pas. Préparez-vous, Albin,

BRUTUS,
A vous rendre sur l'heure aux tentes de Tarquin.

A Messala.

Entrons chez la Princesse : un peu d'expérience
M'a pu du cœur humain donner quelque science :
Je lirai dans son ame ; & peut-être ses mains
Vont former l'heureux piége, où j'attens les Romains.

Fin du premier Acte.

ACTE II.
SCENE I.

Le Théâtre représente, ou est suposé représenter un apartement du Palais des Consuls.

TITUS, MESSALA.

MESSALA.

Non, c'est trop offenser ma sensible amitié;
Qui peut donc de son secret me cacher la moitié,
En dit trop & trop peu, m'offense & me soupçonne.

TITUS.

Va, mon cœur à ta foi tout entier s'abandonne;
Ne me reproche rien.

MESSALA.

Quoi ! vous dont la douleur
Du Sénat avec moi détesta la rigueur,
Qui versiez dans mon sein ce grand secret de
    Rome,
Ces plaintes d'un Héros, ces larmes d'un grand
    homme !
Comment avez-vous pu devorer si long-tems
Une douleur plus tendre, & des maux plus
    touchans ?
De vos feux devant moi vous étouffiez la
    flamme.
Quoi donc ! l'ambition, qui domine en votre
    ame,
Eteignoit-elle en vous de si chers sentimens ?
Le Sénat a-t'il fait vos plus cruels tourmens ?
Le haïssez-vous plus que vous n'aimez Tullie ?

TITUS.

Ah ! j'aime avec transport : je hais avec furie,
Je suis extrême en tout, je l'avoue ; & mon
    cœur
Voudroit en tout se vaincre, & connoît son
    erreur.

MESSALA.

Et pourquoi de vos mains déchirant vos bles-
    sures,
Déguiser votre amour & non pas vos injures ?

TITUS.

Que veux tu, Messala ? j'ai, malgré mon
    courroux,
Prodigué tout mon sang pour ce Sénat jaloux.
Tu le sçais, ton courage eut part à ma victoire :
Je sentois du plaisir à parler de ma gloire ;
Mon cœur énorgueilli des succès de mon bras,
Trouvoit de la grandeur à venger des ingrats.

On confie aifément des malheurs qu'on fur-
 monte;
Mais qu'il eft accablant de parler de fa honte!
MESSALA.
Quelle eft donc cette honte, & ce grand re-
 pentir?
Et de quels fentimens auriez-vous à rougir?
TITUS.
Je rougis de moi-même & d'un feu téméraire,
Inutile, imprudent, à mon devoir contraire.
MESSALA.
Hé bien! l'ambition, l'amour & fes fureurs,
Sont-ce des paffions indignes des grands
 cœurs?
TITUS.
L'ambition, l'amour, le dépit, tout m'accable;
De ce confeil de Rois l'orgueil infuportable
Méprife ma jeuneffe, & me difpute un rang,
Brigué par ma valeur & payé par mon fang.
Au milieu du dépit, dont mon ame eft faifie,
Je perds tout ce que j'aime, on m'enleve
 Tullie.
On te l'enleve, hélas! trop aveugle courroux,
Tu n'ofois y prétendre, & ton cœur eft ja-
 loux.
Je l'avouerai, ce feu que j'avois fçu contrain-
 dre,
S'irrite en s'échapant, & ne peut plus s'étein-
 dre.
Ami, c'en étoit fait, elle partoit; mon cœur
De fa funefte flamme alloit être vainqueur:
Je devenois Romain, je fortois d'efclavage;
Le Ciel a-t'il marqué ce terme à mon courage?
Quoi! le fils de Brutus, un foldat, un Romain,
Aime, idolâtre ici la fille de Tarquin!

Coupable envers Tullie, envers Rome &
 moi-même,
Ce Sénat que je hai, ce fier objet que j'aime,
Le depit, la vengeance, & la honte & l'a-
 mour,
De mes sens soulevés disposent tour à tour.
MESSALA.
Puis-je ici vous parler ? mais avec confiance.
TITUS.
Toujours de tes conseils j'ai chéri la prudence.
Hé bien ! fais-moi rougir de mes égaremens.
MESSALA.
J'aprouve & votre amour & vos ressenti-
 mens ;
Faudra-t-il donc toujours que Titus autorise
Ce Sénat de Tyrans, dont l'orgueil nous maî-
 trise ?
Non, s'il nous faut rougir, rougissez en ce
 jour
De votre patience, & non de votre amour.
Quoi ! pour prix de vos feux, & de tant de
 vaillance,
Citoyen sans pouvoir, amant sans espérance,
Je vous verrois languir, victime de l'Etat,
Oublié de Tullie & bravé du Sénat.
Ah ! peut-être, Seigneur, un cœur tel que
 le vôtre,
Auroit pu gagner l'une, & se venger de l'au-
 tre.
TITUS.
De quoi viens-tu flatter mon esprit éperdu ?
Moi, j'aurois pu fléchir sa haine ou sa vertu !
Hélas ! ne vois-tu pas les fatales barrieres
Qu'élevent entre nous nos devoirs & nos
 peres ?

Sa haine desormais égale mon amour.
Elle va donc partir?
MESSALA.
Oui, Seigneur, dès ce jour.
TITUS.
Je n'en murmure point. Le Ciel lui rend ju-
    stice,
Il la fit pour régner.
MESSALA.
Ah! ce Ciel plus propice
Lui destinoit peut-être un Empire plus doux.
Et sans ce fier Sénat, sans la guerre, sans
    vous...
Pardonnez: vous sçavez quel est son héritage:
Son frere ne vit plus; Rome étoit son partage.
Je m'emporte, Seigneur; mais si pour vous
    servir,
Si pour vous rendre heureux il ne faut que
    perir;
Si mon sang...
TITUS.
Non, ami, mon devoir est le maître.
Non, croi-moi, l'homme est libre, au mo-
    ment qu'il veut l'être.
Je l'avoue, il est vrai, ce dangereux poison
A pour quelques momens égaré ma raison;
Mais le cœur d'un soldat sait domter la mol-
    lesse,
Et l'amour n'est puissant que par notre foiblesse.
MESSALA.
Vous voyez des Toscans venir l'Ambassadeur;
Cet honneur qu'il vous rend...
TITUS.
Ah! quel funeste honneur!
Que me veut-il? c'est lui qui m'enleve Tullie;

C'est lui qui met le comble au malheur de ma vie.

SCENE II.
TITUS, ARONS.
ARONS.

Après avoir en vain, près de votre Sénat,
Tenté ce que j'ai pu pour sauver cet Etat,
Souffrez qu'à la vertu rendant un juste hommage,
J'admire en liberté ce généreux courage,
Ce bras qui venge Rome, & soutient son pays
Au bord du précipice, où le Sénat l'a mis.
Ah! que vous étiez digne, & d'un prix plus auguste,
Et d'un autre adversaire, & d'un parti plus juste!
Et que ce grand courage, ailleurs mieux employé,
D'un plus digne salaire auroit été payé!
Il est, il est des Rois, j'ose ici vous le dire,
Qui mettroient en vos mains le sort de leur Empire,
Sans craindre ces vertus qu'ils admirent en vous,
Dont j'ai vu Rome éprise, & le Sénat jaloux.
Je vous plains de servir sous ce maître farouche,
Que le mérite aigrit, qu'aucun bienfait ne touche;
Qui, né pour obéir, se fait un lâche honneur.

K 6

D'apefantir fa main fur fon Libérateur ;
Lui, qui, s'il n'ufurpoit les droits de la couronne,
Devroit prendre de vous les ordres qu'il vous donne.

TITUS.

Je rens grace à vos foins, Seigneur, & mes foupçons
De vos bontez pour moi refpectent les raifons.
Je n'examine point fi votre politique
Penfe armer mes chagrins contre ma République,
Et porter mon dépit, avec un art fi doux,
Aux indifcrétions qui fuivent le courroux.
Perdez moins d'artifice à tromper ma franchife.
Ce cœur eft tout ouvert, & n'a rien qu'il déguife.
Outragé du Sénat, j'ai droit de la haïr :
Je le hai ; mais mon bras eft prêt à le fervir.
Quand la caufe commune au combat nous apelle,
Rome au cœur de fes fils éteint toute querelle :
Vainqueurs de nos débats nous marchons réunis,
Et nous ne connoiffons que vous pour ennemis.
Voilà ce que je fuis, & ce que je veux être.
Soit grandeur, foit vertu, foit préjugé peut-être,
Né parmi les Romains, je perirai pour eux.
J'aime encore mieux, Seigneur, ce Sénat rigoureux,
Tout injufte pour moi, tout jaloux qu'il peut être,

Que l'éclat d'une cour & le sceptre d'un maître.
Je suis fils de Brutus, & je porte en mon
 cœur
La liberté gravée, & les Rois en horreur.

ARONS.

Ne vous flattez-vous point d'un charme ima-
 ginaire ?
Seigneur, ainsi qu'à vous la liberté m'est chere:
Quoique né sous un Roi, j'en goûte les apas;
Vous vous perdez pour elle, & n'en jouis-
 sez pas.
Est-il donc entre nous, rien de plus despo-
 tique,
Que l'esprit d'un Etat qui passe en République?
Vos Loix sont vos Tyrans : leur barbare ri-
 gueur
Devient sourde au mérite, au sang, à la
 faveur :
Le Sénat vous oprime, & le peuple vous
 brave ;
Il faut s'en faire craindre, ou ramper leur
 esclave.
Le citoyen de Rome insolent ou jaloux,
Ou hait votre grandeur, ou marche égal à
 vous.
Trop d'éclat l'éfarouche, il voit d'un œil sé-
 vére
Dans le bien qu'on lui fait, le mal qu'on lui
 peut faire ;
Et d'un bannissement le décret odieux
Devient le prix du sang qu'on a versé pour
 eux.

Je sçai bien que la cour, Seigneur, a ses
 naufrages;

Mais ses jours sont plus beaux, son Ciel a
 moins d'orages.
Souvent la liberté, dont on se vante ailleurs,
Etale auprès d'un Roi ses dons les plus flat-
 teurs :
Il récompense, il aime, il prévient les ser-
 vices,
La gloire auprès de lui ne suit point les dé-
 lices
Aimé du Souverain, de ses rayons couvert,
Vous ne servez qu'un maître & le reste vous
 sert.
Ebloui d'un éclat, qu'il respecte & qu'il aime,
Le vulgaire aplaudit jusqu'à nos fautes même ;
Nous ne redoutons rien d'un Sénat trop ja-
 loux,
Et les sévéres Loix se taisent devant nous.
Ah ! que né pour la cour, ainsi que pour les
 armes,
Des faveurs de Tarquin vous gouteriez les
 charmes !
Il auroit avec vous partagé sa grandeur :
Du Sénat à vos pieds la fierté prosternée
Auroit...

TITUS.

J'ai vu sa cour, & je l'ai dédaignée,
Je pourrois, il est vrai, mandier son apui,
Et son premier esclave être Tyran sous lui.
Grace au Ciel, je n'ai point cette indigne foi-
 blesse :
Je veux de la grandeur, & la veux sans bas-
 sesse.
Je sens que mon destin n'étoit point d'obéir :
Je combattrai vos Rois ; retournez les servir.

ARONS.

Je ne puis qu'aprouver cet excès de constance ;

TRAGEDIE.

Mais songez que lui-même éleva votre enfance.
Il s'en souvient toujours. Hier encor, Seigneur,
En pleurant avec moi son fils & son malheur,
Titus, me disoit-il, soutiendroit ma famille,
Et lui seul méritoit mon Empire & ma fille.

TITUS en se détournant.

Sa fille ! Dieux ! Tullie ! O vœux infortunés !

ARONS en regardant Titus.

Je la ramene au Roi que vous abandonnez :
Elle va loin de vous, & loin de sa patrie,
Accepter pour époux le Roi de Ligurie ;
Vous cependant ici servez votre Sénat,
Persécutez son pere, oprimez son Etat.
J'espere que bien tôt ces voûtes embrasées,
Ce Capitole en cendre, & ces tours écrasées,
Du Sénat & du peuple éclairant les tombeaux,
A cet hymen heureux vont servir de flambeaux,

SCENE III.

TITUS, MESSALA.

TITUS.

AH ! mon cher Messala, dans quel trouble il me laisse !
Tarquin me l'eut donnée ! ô douleur qui me presse !
Moi, j'aurois pu ! . . . . mais non, ministre dangereux,
Tu venois expier le secret de mes feux.

Hélas en me voyant, se peut-il qu'on l'ignore !
Il a lu dans mes yeux l'ardeur qui me dé-
　vore.
Certain de ma foiblesse ; il retourne à sa
　Cour
Insulter aux projets d'un téméraire amour.
J'aurois pu l'épouser ! lui consacrer ma vie !
Le Ciel à mes desirs eut destiné Tullie !
Malheureux, que je suis !

　　　　　　MESSALA.

　　　　　　Vous, pourriez être heureux ;
Arons pourroit servir vos légitimes feux.
Croyez-moi.

　　　　　TITUS.

　　　　　　Bannissons un espoir si frivole,
Rome entiere m'apelle aux murs du Capi-
　tole.
Le peuple rassemblé sous ces arcs triomphaux,
Tout chargés de ma gloire, & pleins de mes
　travaux,
M'attend pour commencer les sermens redou-
　tables,
De notre liberté garants inviolables.

　　　　　MESSALA.
Allez servir ces Rois.

　　　　　TITUS.
　　　　　　Oui, je les veux servir ;
Oui, tel est mon devoir, & je le veux rem-
　plir.

　　　　　MESSALA.
Vous gemissez pourtant !

　　　　　TITUS.
　　　　　　Ma victoire est cruelle.

　　　　　MESSALA.
Vous l'achetez trop cher.

TRAGEDIE.

TITUS.
Elle en fera plus belle.
Ne m'abandonne point dans l'état où je fuis.

MESSALA.
Allons, fuivons fes pas, aigriffons fes ennuis.
Enfonçons dans fon cœur le trait qui le déchire.

SCENE IV.

BRUTUS, MESSALA.

BRUTUS.

ARrêtez, Meffala, j'ai deux mots à vous dire.

MESSALA.
A moi, Seigneur !

BRUTUS.
A vous. Un funefte poifon
Se répand en fecret fur toute ma maifon.
Tiberinus mon fils, aïgri contre fon frere,
Laiffe éclater déja fa jaloufe colere ;
Et Titus, animé d'un autre emportement,
Suit contre le Sénat fon fier reffentiment.
L'Ambaffadeur Tofcan, témoin de leur foibleffe,
En profite avec joye autant qu'avec adreffe.
Il leur parle, & je crains les difcours féduifans
D'un miniftre vieilli dans l'art des courtifans.
Il devoit, dès demain, retourner vers fon maître ;
Mais un jour quelquefois eft beaucoup pour un traître.

Meſſala, je prétens ne rien craindre de lui:
Allez, lui commander de partir, aujourd'hui;
Je le veux.
MESSALA.
C'eſt agir ſans doute avec prudence,
Et vous ſerez content de mon obéiſſance.
BRUTUS.
Ce n'eſt pas tout: mon fils avec vous eſt lié;
Je ſçai ſur ſon eſprit ce que peut l'amitié.
Comme ſans artifice il eſt ſans défiance.
Sa jeuneſſe eſt livrée à votre expérience.
Plus il ſe fie à vous, plus je dois eſperer
Qu'habile à le conduire & non à l'égarer,
Vous ne voudrez jamais, abuſant de ſon âge,
Tirer de ſes erreurs un indigne avantage,
Le rendre ambitieux & corrompre ſon cœur.
MESSALA.
C'eſt de quoi dans l'inſtant je lui parlois,
   Seigneur.
Il ſçait vous imiter, ſervir Rome & lui
   plaire;
Il aime aveuglément ſa patrie & ſon pere.
BRUTUS
Il le doit mais ſur-tout il doit aimer les Loix,
Il doit en être Eſclave, en porter tout le
   poids;
Qui veut les violer, n'aime point ſa patrie.
MESSALA.
Nous avons vu tous deux ſi ſon bras l'a ſervie.
BRUTUS.
Il a fait ſon devoir.
MESSALA.
         Et Rome eût fait le ſien,
En rendant plus d'honneurs à ce cher Ci-
   toyen.

BRUTUS.

Non, non, le Consulat n'est point fait pour son âge ;
J'ai moi-même à mon fils refusé mon suffrage.
Croyez-moi le succès de son ambition
Seroit le premier pas vers la corruption :
Le prix de la Vertu seroit héréditaire ;
Bien-tôt l'indigne fils du plus vertueux pere,
Trop assuré d'un rang d'autant moins mérité,
L'attendroit dans le luxe & dans l'oisiveté.
Le dernier des Tarquins en est la preuve insigne
Qui nâquit dans la pourpre en est rarement digne.
Nous préserve les cieux d'un si funeste abus,
Berceau de la molesse & tombeau des Vertus !
Si vous aimez mon fils, (je me plais à le croire)
Representez-lui mieux sa véritable gloire.
Etoufez dans son cœur un orgueil insensé ;
C'est en servant l'Etat qu'il est recompensé.
De toutes les Vertus mon fils doit un exemple :
C'est l'apui des Romains, que dans lui je contemple :
Plus il a fait pour eux, plus j'exige aujourd'hui ;
Connoissez à mes vœux l'amour que j'ai pour lui.
Tempérez cette ardeur de l'esprit d'un jeune homme :
Le flatter c'est le perdre, & c'est outrager Rome.

BRUTUS,

MESSALA.

Je me bornois, Seigneur, à le suivre aux combats ;
J'imitois sa valeur, & ne l'instruisois pas.
J'ai peu d'autorité mais s'il daigne me coire,
Rome verra bien-tôt comme il cherit la gloire.

BRUTUS.

Allez donc, & jamais, n'encensez ses erreurs ;
Si je hais les Tyrans, je hais plus les flateurs.

SCENE V.

MESSALA *seul*.

IL n'est point de Tyran, plus dur, plus haissable,
Que la sévérité de ton cœur intraitable.
Va, je verrai peut-être à mes pieds abattu,
Cet orgueil insultant de ta fausse vertu.
Colosse, qu'un vil peuple éleva sur nos têtes,
Je pourrai t'écraser, & les foudres sont prêtes.

Fin du second Acte.

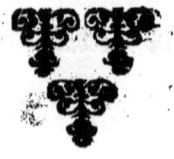

ACTE III.
SCENE I.
ARONS, ALBIN, MESSALA.

ARONS *une lettre à la main.*

JE commence à goûter une juste esperance,
Vous m'avez bien servi par tant de diligence ;
Tout succéde à mes vœux. Oui, cette lettre, Albin,
Contient le sort de Rome, & celui de Tarquin.
Avez-vous dans le camp réglé l'heure fatale ?
A-t-on bien observé la Porte Quirinale ?
L'assaut sera-t-il prêt, si par nos conjurés
Les ramparts cette nuit ne nous sont point livrés ?
Tarquin est-il content ? crois-tu qu'on l'introduise
Ou dans Rome sanglante, ou dans Rome soumise ?

ALBIN.

Tout sera prêt, Seigneur, au milieu de la nuit.
Tarquin de vos projets goûte déja le fruit ;
Il pense de vos mains tenir son diadême ;
Il vous doit, a-t-il dit, plus qu'à Porsenna même.

ARONS.

Ou les Dieux, ennemis d'un Prince malheureux,
Confondront des desseins si grands, si dignes d'eux ;

Ou demain sous ses Loix Rome sera rangée;
Rome en cendre peut-être, & dans son sang
  plongée;
Mais il vaut mieux qu'un Roi sur le thrône
  remis,
Commande à des sujets malheureux & soumis,
Que d'avoir à dompter au sein de l'abondance,
D'un peuple trop heureux, l'indocile arro-
  gance.
A Albin.
Allez, j'attens ici la Princesse en secret.
A Messala.
Messala, demeurez.

SCENE II.
ARONS, MESSALA.
ARONS.

Hé bien? qu'avez-vous fait?
Avez-vous de Titus fléchi le fier courage?
Dans le parti des Rois pensez-vous qu'il s'en-
  gage?
MESSALA.
J'avois trop présumé, l'infléxible Titus
Aime trop sa patrie, & tient trop de Brutus.
Il se plaint du Sénat, il brûle pour Tullie.
L'orgueil, l'ambition, l'amour, la jalousie,
Le feu de son jeune âge & de ses passions
Sembloient ouvrir son ame à mes séductions;
Cependant qui l'eût crû? la liberté l'emporte.
Son amour est au comble, & Rome est la
  plus forte.
J'ai tenté par degrés d'effacer cette horreur,

Que pour le nom de Roi, Rome imprime en son cœur.
En vain j'ai combattu ce préjugé févere ;
Le seul nom des Tarquins irritoit sa colere ;
De son entretien même il m'a soudain privé,
Et je hazardois trop si j'avois achevé.

ARONS.

Ainsi de le fléchir, Messala desespere.

MESSALA.

J'ai trouvé moins d'obstacle à vous donner son frere,
Et j'ai du moins séduit un des fils de Brutus.

ARONS.

Quoi ! vous auriez déja gagné Tiberinus ?
Par quels ressorts secrets ? par quelle heureuse intrigue ?

MESSALA.

Son ambition seule a fait toute ma brigue.
Avec un œil jaloux il avoit depuis long-tems,
De son frere & de lui, les honneurs differens.
Ces drapeaux suspendus à ces voûtes fatales,
Ces festons de Lauriers, ces pompes triomphales,
Tous les cœurs des Romains, & celui de Brutus,
Dans ces solemnités volant devant Titus,
Sont pour lui des affronts qui dans son ame aigrie,
Echauffent le poison de sa secrete envie.
Cependant que Titus sans haine & sans courroux,
Trop au-dessus de lui pour en être jaloux,
Lui tend encor la main de son char de victoire,
Et semble en l'embrassant l'accabler de sa gloire.

J'ai saisi ces momens, j'ai sçu peindre à ses
    yeux
Dans une cour brillante un rang plus glorieux ;
J'ai pressé, j'ai promis, au nom de Tarquin
    même,
Tous les honneurs de Rome, après le rang
    suprême ;
Je l'ai vu s'éblouïr, je l'ai vu s'ébranler ;
Il est à vous, Seigneur, & cherche à vous
    parler.

ARONS.

Pourra-t-il nous livrer la Porte Quirinale ?

MESSALA.

Titus seul y commande, & sa vertu fatale
N'a que trop arrêté le cours de vos destins ;
C'est un Dieu qui préside au salut des Romains.
Gardez de hazarder cette attaque soudaine,
Sûre avec son apui, sans lui trop incertaine.

ARONS.

Mais si du Consulat il a brigué l'honneur,
Pouroit-il dédaigner la suprême grandeur
Du thrône avec Tullie un assuré partage ?

MESSALA.

Le thrône est un affront à sa vertu sauvage.

ARONS.

Mais il aime Tullie.

MESSALA.

              Il l'adore, Seigneur ;
Il l'aime d'autant plus qu'il combat son ardeur.
Il brûle pour la fille, en détestant le pere ;
Il craint de lui parler, il gémit de se taire ;
Il la cherche, il la fuit, il dévore ses pleurs ;
Et de l'amour encor il n'a que les fureurs.
Dans l'agitation d'un si cruel orage,
Un moment quelquefois renverse un grand
    courage ;

Je

TRAGEDIE.

Je sçai quel est Titus : ardent, impétueux,
S'il se rend, il ira plus loin que je ne veux.
La fiere ambition qu'il renferme dans l'ame,
Au flambeau de l'amour peut rallumer sa flam-
    me,
Avec plaisir sans doute il verroit à ses pieds
Des Sénateurs tremblans les fronts humiliés;
Mais je vous tromperois, si j'osois vous pro-
    mettre
Qu'à cet amour fatal il veuille se soumettre.
Je peux parler encor, & je vais aujourd'hui.

ARONS.

Puisqu'il est amoureux, je compte encor sur
    lui.
Un regard de Tullie, un seul mot de sa bou-
    che,
Peut plus pour amollir cette vertu farouche,
Que les subtils détours, & tout l'art séducteur
D'un chef des conjurés, & d'un Ambassadeur.
N'esperons des humains rien que par leur foi-
    blesse.
L'ambition de l'un, de l'autre la tendresse,
Voilà les conjurés qui serviront mon Roi;
C'est d'eux que j'attens tout; ils sont plus forts
    que moi.

Tullie entre. Messala se retire.

SCENE III.
TULLIE, ARONS, ALGINE.

ARONS.

Madame, en ce moment je reçois cette
    lettre,
Qu'en vos augustes mains mon ordre est de re-
    mettre,

Tome II.   L

Et que jusqu'en la mienne a fait passer Tarquin.

TULLIE.

Dieux ! protegez mon pere, & changez son destin.

Elle lit :

» Le thrône des Romains peut sortir de sa cendre,
» Le vainqueur de son Roi peut en être l'apui.
» Titus est un Héros ; c'est à lui de défendre
» Un sceptre que je veux partager avec lui.
» Vous, songez que Tarquin vous a donné la vie,
» Songez que mon destin va dépendre de vous.
» Vous pouriez refuser le Roi de Ligurie,
» Si Titus vous est cher, il sera votre époux.

Ai-je bien lu.. Titus?... Seigneur... est-il possible ?
Tarquin dans ses malheurs jusqu'alors infléxible,
Pourroit ? mais, d'où sçait-il ? & comment ? Ah ! Seigneur,
Ne veut-on qu'arracher les secrets de mon cœur ?
Epargnez les chagrins d'une triste Princesse ?
Ne tendez point de piége à ma foible jeunesse.

ARONS.

Non, Madame, à Tarquin je ne sçais qu'obéïr,
Ecouter mon devoir, me taire, & vous servir.
Il ne m'apartient point de chercher à comprendre
Des secrets qu'en mon sein vous craignez de répandre.
Je ne veux point lever un œil présomptueux
Vers le voile sacré que vous jettez sur eux ;
Mon devoir seulement m'ordonne de vous dire

TRAGEDIE.

Que le Ciel veut par vous relever cet Empire ;
Que ce trône est un prix qu'il met à vos vertus.

TULLIE.

Je servirois mon Pere, & serois à Titus !
Seigneur, il se pourroit....

ARONS.

N'en doutez point, Princesse,
Pour le sang de ses Rois, ce Héros s'intéresse.
De ces Républicains la triste austérité
De son cœur généreux révolte la fierté ;
Les refus du Senat ont aigri son courage,
Il panche vers son Prince ; achevez cet ouvrage.
Je n'ai point dans son cœur prétendu pénétrer ;
Mais, puisqu'il vous connoît, il vous doit adorer.
Quel œil, sans s'éblouïr, peut voir un diadême,
Presenté par vos mains, embelli par vous-même,
Parlez-lui seulement, vous pourez tout sur lui ;
De l'ennemi des Rois triomphez aujourd'hui.
Arrachez au Sénat, rendez à votre pere
Ce grand apui de Rome, & son Dieu tutelaire,
Et méritez l'honneur d'avoir entre vos mains
Et la cause d'un pere, & le sort des Romains.

SCENE IV.
TULLIE, ALGINE.
TULLIE.

Ciel ! que je dois d'encens à ta bonté propice !
Mes pleurs t'ont desarmé, tout change ; & ta justice
Aux feux dont j'ai rougi rendant leur pureté,
En les récompensant, les met en liberté.

A Algine.

Va le chercher, va, cours; Dieux ! il m'évite encore :
Faut-il qu'il soit heureux, hélas ! & qu'il l'ignore ?
Mais... n'écoutai-je point un espoir trop flateur ?
Titus, pour le Sénat, a-t-il donc tant d'horreur ?
Que dis-je ! hélas ! devrois-je au dépit qui le presse
Ce que j'aurois voulu devoir à sa tendresse ?

ALGINE.

Je sçai que le Sénat alluma son courroux,
Qu'il est ambitieux, & qu'il brûle pour vous.

TULLIE.

Il fera tout pour moi, n'en doute point, il m'aime,
Va, dis-je...

Algine sort.

Cependant ce changement extrême...
Ce billet !... De quels soins mon cœur est combattu ?

TRAGEDIE.

Eclatez, mon amour, ainsi que ma vertu;
La gloire, la raison, le devoir, tout l'ordonne.
Quoi! mon Pere à mes feux va devoir sa couronne!
De Titus & de lui je serois le lien!
Le bonheur de l'Etat va donc naître du mien?
Toi que je peux aimer, quand pourai-je t'aprendre
Ce changement du sort où nous n'osions prétendre?
Quand pourai-je, Titus, dans mes justes transports,
T'entendre sans regrets, te parler sans remors?
Tous mes maux sont finis, Rome, je te pardonne;
Rome, tu vas servir, si Titus t'abandonne;
Sénat, tu vas tomber, si Titus est à moi;
Ton Héros m'aime; tremble, & reconnois ton Roi.

SCENE V.

TITUS, TULLIE.

TITUS.

MAdame, est-il bien vrai? daignez-vous voir encore
Cet odieux Romain, que votre cœur abhorre,
Si justement haï, si coupable envers vous.
Cet ennemi!

TULLIE.

Seigneur, tout est changé pour nous.
Le destin me permet... Titus... il faut me dire
Si j'avois sur votre ame un véritable empire.

TITUS.

Hé ! pouvez-vous douter de ce fatal pouvoir,
De mes feux, de mon crime, & de mon dé-
　　sespoir ?
Vous ne l'avez que trop cet empire funeste :
L'amour vous a soumis mes jours que je dé-
　　teste,
Commandez, épuisez votre juste courroux,
Mon sort est en vos mains.

TULLIE.
　　　　　Le mien dépend de vous.

TITUS.

De moi ! mon cœur tremblant ne vous en
　　croit qu'à peine ;
Moi ! je ne serois plus l'objet de votre haine !
Ah ! Princesse, achevez ; quel espoir enchan-
　　teur
M'éleve en un moment au faîte du bonheur.

TULLIE.
En donnant la lettre.

Lisez, rendez heureux, vous, Tullie, &
　　mon pere.
Tandis qu'il lit :
Je puis donc me flâter... mais quel regard
　　sévere ?
D'où vient ce morne accueil, & ce front cons-
　　terné ?
Dieux...

TITUS.
　　Je suis des mortels le plus infortuné ;
Le sort, dont la rigueur à m'accabler s'atta-
　　che,
M'a montré mon bonheur, & soudain me l'ar-
　　rache ;
Et pour combler les maux que mon cœur a
　　soufferts,

TRAGEDIE.

Je puis vous poſſeder, je vous aime, & vous perds.

TULLIE.

Vous, Titus?

TITUS.

Ce moment a condamné ma vie
Au comble des horreurs, ou de l'ignominie,
A trahir Rome ou vous ; & je n'ai deſormais
Que le choix des malheurs, ou celui des forfaits.

TULLIE.

Que dis-tu ? quand ma main te donne un diadême,
Quand tu peux m'obtenir, quand tu vois que je t'aime ;
Je ne m'en cache plus, un trop juſte pouvoir,
Autoriſant mes vœux, m'en a fait un devoir.
Hélas ! j'ai cru ce jour le plus beau de ma vie ;
Et le premier moment où mon ame ravie
Peut de ſes ſentimens s'expliquer ſans rougir,
Ingrat ! eſt le moment qu'il m'en faut repentir.
Que m'oſes-tu parler de malheur, & de crime ?
Ah ! ſervir des ingrats contre un Roi légitime,
M'oprimer, me chérir, déteſter mes bienfaits,
Ce ſont-là tes malheurs, & voilà tes forfaits.
Ouvre les yeux, Titus, & mets dans la balance
Les refus du Sénat, & la toute-puiſſance,
Choiſis de recevoir, ou de donner la Loi,
D'un vil peuple ou d'un thrône, & de Rome, ou de moi ;
Iuſpirez-lui, grands Dieux ! le parti qu'il doit prendre.

TITUS, *en lui rendant la lettre.*

Mon choix eſt fait,

L 4

BRUTUS,

TULLIE.

Hé bien! crains-tu de me l'aprendre?
Parle, ose mériter ta grace ou mon courroux.
Quel sera ton destin?....

TITUS.

D'être digne de vous;
Digne encor de moi-même, à Rome encor
　fidéle,
Brûlant d'amour pour vous, de combattre
　pour elle;
D'adorer vos vertus, mais de les imiter;
De vous perdre, Madame, & de vous mériter.

TULLIE.

Ainsi donc pour jamais....

TITUS.

Ah! pardonnez, Princesse,
Oubliez ma fureur, épargnez ma foiblesse;
Ayez pitié d'un cœur de soi-même ennemi,
Moins malheureux cent fois quand vous l'avez
　haï.
Pardonnez, je ne puis vous quiter, ni vous
　suivre,
Ni pour vous, ni sans vous, Titus ne sçauroit
　vivre,
Et je mourrai plutôt qu'un autre ait votre foi.

TULLIE.

Je te pardonne tout, elle est encor à toi.

TITUS.

Hé bien! si vous m'aimez, ayez l'ame Ro-
　maine;
Aimez ma République, & soyez plus que
　Reine;
Aportez-moi pour dot, au lieu du rang des
　Rois,
L'amour de mon Païs, & l'amour de mes Loix.

Acceptez aujourd'hui Rome pour votre Mere,
Son vengeur pour époux, Brutus pour votre
 pere;
Que les Romains vaincus en générosité,
A la fille des Rois doivent leur liberté...

TULLIE.

Qui, moi j'irois trahir ?...

TITUS.

Mon defespoir m'égare;
Non, toute trahison est indigne & barbare,
Je sçai ce qu'est un pere, & ses droits absolus,
Je sçai... que je vous aime... & ne me con-
 nois plus.

TULLIE.

Ecoute au moins ce sang qui m'a donné la vie.

TITUS.

Hé ! dois-je écouter moins mon sang & ma patrie ?

TULLIE.

Ta patrie ! ah barbare ! en est-il donc sans moi?

TITUS.

Nous sommes ennemis.... la Nature, la Loi,
Nous impose à tous deux un devoir si farouche.

TULLIE.

Nous ennemis ! ce nom peut sortir de ta bouche !

TITUS.

Tout mon cœur la dément.

TULLIE.

Ose donc me servir,
Tu m'aimes, venge-moi.

SCENE VI.

BRUTUS, ARONS, TITUS, TULLIE, MESSALA, ALBIN, PROCULUS,

Licteurs.

BRUTUS *à Tullie.*

Madame, il faut partir ;
Dans les premiers éclats des tempêtes publi-
  ques,
Rome n'a pu vous rendre à vos Dieux domes-
  tiques ;
Tarquin même en ce tems, promt à vous ou-
  blier,
Et du soin de nous perdre occupé tout entier,
Dans nos calamités confondant sa famille,
N'a pas même aux Romains redemandé sa fille.
Souffrez que je rapelle un triste souvenir :
Je vous privai d'un pere, & dûs vous en ser-
  vir ;
Allez, & que du thrône où le Ciel vous apelle,
L'infléxible équité soit la garde éternelle.
Pour qu'on vous obéisse, obéissez aux Loix,
Tremblez en contemplant tout le devoir des
  Rois ;
Et si de vos flâteurs la funeste malice
Jamais dans votre cœur ébranloit la justice,
Prête alors d'abuser du pouvoir souverain,
Souvenez-vous de Rome, & songez à Tar-
  quin ;
Et que ce grand exemple où mon espoir se
  fonde

TRAGEDIE.

Soit la leçon des Rois, & le bonheur du monde.
A Arons.
Le Sénat vous la rend, Seigneur, & c'est à vous
De la remettre aux mains d'un pere, & d'un époux,
Proculus va vous suivre à la Porte sacrée.
TITUS éloigné.
O de ma passion fureur desesperée !
Il va vers Arons.
Je ne souffrirai point, non... permettez, Seigneur,
Brutus & Tullie sortent avec leur Suite.
Arons & Messala restent.
Dieux ! ne mourrai-je point de honte, & de douleur ?
A Arons.
.... Pourois-je vous parler ?
ARONS.
Seigneur, le tems me presse ;
Il me faut suivre ici Brutus & la Princesse ;
Je puis d'une heure encor retarder son départ;
Craignez, Seigneur, craignez de me parler trop tard.
Dans son apartement nous pouvons l'un & l'autre
Parler de ses destins, & peut-être du vôtre.
Il sort.

SCENE VII.
TITUS, MESSALA.
TITUS.

Sort qui nous as rejoints, & qui nous dé-
   funis ;
Sort, ne nous as-tu faits que pour être enne-
   mis ?
Ah ! cache, si tu peux, ta fureur & tes lar-
   mes.
MESSALA.
Je plains tant de vertus, tant d'amour & de
   charmes ;
Un cœur tel que le sien méritoit d'être à vous.
TITUS.
Non, c'en est fait, Titus n'en sera point l'époux.
MESSALA.
Pourquoi ? quel vain scrupule à vos desirs s'o-
   pose ?
TITUS.
Abominables Loix ! que la cruelle impose ;
Tyrans que j'ai vaincus, je pourois vous servir !
Peuples que j'ai sauvés, je pourois vous trahir !
L'amour, dont j'ai six mois vaincu la violence,
L'amour auroit sur moi cette affreuse puis-
   sance !
J'exposerois mon pere à ses Tyrans cruels ?
Et quel pere ? un Héros, l'exemple des mor-
   tels,
L'apui de son païs, qui m'instruisit à l'être,
Que j'imitai, qu'un jour j'eusse égalé peut-être.
Après tant de vertus, quel horrible destin ?

TRAGEDIE.
MESSALA.

Vous eutes les vertus d'un citoyen Romain;
Il ne tiendra qu'à vous d'avoir celles d'un maître.
Seigneur, vous ferez Roi, dès que vous voudrez l'être,
Le Ciel met dans vos mains en ce moment heureux
La vengeance, l'empire, & l'objet de vos feux.
Que dis-je? ce Conful, ce Héros, que l'on nomme
Le Pere, le Soutien, le Fondateur de Rome,
Qui s'enyvre à vos yeux de l'encens des humains
Sur les débris d'un thrône écrafé par vos mains,
S'il eût mal foutenu cette grande querelle,
S'il n'eût vaincu par vous, il n'étoit qu'un rebelle.
  Seigneur, embelliffez ce grand nom de Vainqueur
Du nom plus glorieux, de Pacificateur;
Daignez nous ramener ces jours, où nos Ancêtres
Heureux, mais gouvernés, libres, mais fous des maîtres,
Pefoient dans la balance, avec un même poids,
Les intérêts du peuple, & la grandeur des Rois:
Rome n'a point pour eux une haine immortelle;
Rome va les aimer, fi vous régnez fur elle.
Ce pouvoir fouverain, que j'ai vu tour à tour
Attirer de ce peuple, & la haine & l'amour,
Qu'on craint en des états, & qu'ailleurs on defire,

Est des gouvernemens le meilleur ou le pire,
Affreux sous un Tyran, divin sous un bon Roi.

TITUS.

Messala, songez-vous que vous parlez à moi,
Que desormais en vous je ne vois plus qu'un traître,
Et qu'en vous épargnant je commence de l'être?

MESSALA.

Hé bien, aprenez donc, que l'on vous va ravir
L'inestimable honneur, dont vous n'osez jouir;
Qu'un autre accomplira ce que vous pouviez faire.

TITUS.

Un autre! arrête; Dieux! parle... qui?

MESSALA.

      Votre frere.

TITUS.

Mon frere?

MESSALA.

  A Tarquin même il a donné sa foi.

TITUS.

Mon frere trahit Rome?

MESSALA.

     Il sert Rome & son Roi.
Et Tarquin, malgré vous, n'acceptera pour gendre
Que celui des Romains qui l'aura pu défendre.

TITUS.

Ciel! perfide!... écoutez: mon cœur long-tems séduit
A méconnu l'abyme où vous m'avez conduit.
Vous pensez me réduire au malheur nécessaire
D'être ou le délateur, ou complice d'un frere;
Mais plutôt votre sang....

TRAGEDIE.
MESSALA.

Vous pouvez m'en punir ;
Frapez, je le mérite, en voulant vous servir.
Du sang de votre ami que cette main fumante
Y joigne encor le sang d'un frere, & d'une Amante ;
Et, leur tête à la main, demandez au Sénat
Pour prix de vos vertus l'honneur du Consulat,
Où moi-même à l'instant déclarant les complices,
Je m'en vais commencer ces affreux sacrifices.

TITUS.

Demeure, malheureux, ou crains mon desespoir.

SCENE VIII.

TITUS, MESSALA, ALBIN.

ALBIN.

L'Ambassadeur Toscan peut maintenant vous voir,
Il est chez la Princesse.

TITUS.

... Oui, je vais chez Tullie.....
J'y cours. O Dieux de Rome ! O Dieux de ma patrie !
Frapez, percez ce cœur, de sa honte allarmé,
Qui seroit vertueux, s'il n'avoit point aimé.
C'est donc à vous, Sénat ! que tant d'amour s'immole ?
A vous, ingrats !... allons...

A Messala.

Tu vois ce Capitole
Tout plein des monumens de ma fidélité.

MESSALA.
Songez qu'il est rempli d'un Sénat détesté.

TITUS.
Je le sçai. Mais... du Ciel qui tonne sur ma tête
J'entens la voix qui crie : arrête ingrat, arrête,
Tu trahis ton pays.... non, Rome ! non, Brutus !
Dieux qui me secourez ! je suis encor Titus !
La gloire a de mes jours accompagné la course ;
Je n'ai point de mon sang deshonoré la source ;
Votre victime est pure, & s'il faut qu'aujourd'hui
Titus soit aux forfaits entraîné malgré lui,
S'il faut que je succombe au destin qui m'opprime,
Dieux sauvez les Romains, frapez avant le crime.

Fin du troisiéme Acte.

ACTE IV.
SCENE I.
TITUS, ARONS, MESSALA.

TITUS.

OUI, j'y suis résolu, partez, c'est trop attendre.
Honteux, desespéré, je ne veux rien entendre,
Laissez-moi ma vertu, laissez-moi mes malheurs.
Fort contre vos raisons, foible contre ses pleurs,
Je ne la verrai plus. Ma fermeté trahie
Craint moins tous vos Tyrans, qu'un regard de Tullie.
Je ne la verrai plus ; oui qu'elle parte... ah Dieux !

ARONS.

Pour vos intérêts seuls arrêté dans ce lieux,
J'ai bien-tôt passé l'heure avec peine accordée,
Que vous-même, Seigneur, vous m'aviez demandée.

TITUS.

Moi, que j'ai demandée ?

ARONS.

Hélas que pour vous deux
J'attendois un destin plus digne & plus heureux !

BRUTUS,

J'esperois couronner des ardeurs si parfaites,
Il n'y faut plus penser.

TITUS.

Ah! cruel, que vous êtes!
Vous avez vu ma honte & mon abaissement,
Vous avez vu Titus balancer un moment.
Allez, adroit témoin de mes lâches tendresses,
Allez à vos deux Rois annoncer mes foiblesses.
Contez à ces Tyrans terrassés par mes coups,
Que le fils de Brutus a pleuré devant vous.
Mais ajoutez au moins que parmi tant de larmes,
Malgré vous, & Tullie & ses pleurs & ses charmes,
Vainqueur encor de moi, libre, & toujours Romain,
Je ne suis point soumis par le sang de Tarquin,
Que rien ne me surmonte; & que je jure encore
Une guerre éternelle à ce sang que j'adore.

ARONS.

J'excuse la douleur, où vos sens sont plongés;
Je respecte en partant vos tristes préjugez.
Loin de vous accabler avec vous je soupire.
Elle en mourra, c'est tout ce que je peux vous dire.
Adieu, Seigneur.

MESSALA.

O Ciel!

SCENE II.
TITUS, MESSALA.
TITUS

Non, je ne puis souffrir
Que des remparts de Rome on la laisse sortir.
Je veux la retenir au peril de ma vie.

MESSALA.

Vous voulez....

TITUS.

Je suis loin de trahir ma patrie.
Rome l'emportera, je le sçai ; mais enfin
Je ne puis séparer Tullie & mon destin.
Prens pitié de mes maux, courons & que ton zèle.
Souleve nos amis, rassemble nos soldats.
En depit du Sénat je retiendrai ses pas.
Je prétens que dans Rome elle reste en otage.
Je le veux.

MESSALA.

Dans quels soins votre amour vous engage !
Et que prétendez-vous par ce coup dangereux,
Que d'avouer sans fruit un amour malheureux ?

TITUS.

Hé bien, c'est au Sénat qu'il faut que je m'adresse,
Va de ces Rois de Rome adoucir la rudesse,
Dis-leur que l'intérêt de l'Etat, de Brutus...
Hélas, que je m'emporte en desseins superflus !

MESSALA.

Dans la juste douleur où votre ame est en proie,
Il faut pour vous servir...

TITUS.

Il faut que je la voie,
Il faut que je lui parle. Elle passe en ces lieux,
Elle entendra du moins mes éternels adieux.

MESSALA.

Parlez-lui, croyez-moi.

TITUS.

Je suis perdu, c'est elle.

SCENE III.

TITUS, MESSALA, TULLIE. ALGINE.

ALGINE.

On vous attend, Madame.

TULLIE.

Ah Sentence cruelle!
L'ingrat me touche encor, & Brutus à mes yeux
Paroît un Dieu terrible armé contre nous deux.
J'aime, je crains, je pleure, & tout mon cœur s'égare,
Allons...

TITUS.

Non, demeurez. Daignez du moins.

TULLIE.

Barbare!

Veux-tu par tes discours...
TITUS
Ah! ce jour affreux,
Je sçai ce que je dois & non ce que je veux;
Je n'ai plus de raison vous me l'avez ravie.
Hé bien, guidez mes pas, gouvernez ma furie;
Regnez donc en Tyran sur mes sens éperdus,
Dictez, si vous l'osez, les crimes de Titus.
Non, plutôt que je livre aux flammes, au carnage,
Ces murs, ces citoyens, qu'a sauvés mon courage,
Qu'un pere, abandonné par un fils furieux,
Sous le fer de Tarquin...
TULLIE.
M'en préservent les Dieux;
La Nature te parle, & sa voix m'est trop chere;
Tu m'as trop bien apris à trembler pour un Pere;
Rassure-toi, Brutus est desormais le mien;
Tout mon sang est à toi, qui te repond du sien:
Notre amour mon hymen, mes jours en sont le gage;
Je serai dans tes mains, sa fille, son ôtage;
Peux-tu délibérer? penses-tu qu'en secret
Brutus te vît au thrône avec tant de regret;
Il n'a point sur son front placé le diadême;
Mais sous un autre nom, n'est-il pas Roi lui-même?
Son regne est d'une année, & bien-tôt... mais hélas!

Que de foibles raisons ! si tu ne m'aimes pas,
Je ne dis plus qu'un mot. Je pars... & je t'adore.
Tu pleures, tu fremis, il en est tems encore ;
Acheve, parle, ingrat, que te faut-il de plus ?

TITUS.

Votre haine ; elle manque au malheur de Titus.

TULLIE.

Ah ! c'est trop essuyer tes indignes murmures,
Tes vains engagemens, tes plaintes, tes injures ;
Je te rens ton amour, dont le mien est confus ;
Et tes trompeurs sermens pires que tes refus.
Je n'irai point chercher au fond de l'Italie
Ces fatales grandeurs que je te sacrifie,
Et pleurer, loin de Rome, entre les bras d'un Roi,
Cet amour malheureux que j'ai senti pour toi.
J'ai réglé mon destin Romain, dont la rudesse
N'affecte de vertu que contre ta maîtresse,
Héros pour m'accabler, timide à me servir,
Incertain dans tes vœux, aprens à les remplir.
Tu verras qu'une femme à tes yeux méprisable,
Dans ses projets au moins étoit inébranlable,
Et par la fermeté dont ce cœur est armé,
Titus tu connoîtras comme il t'auroit aimé.
Au pied de ces murs même où regnoient mes ancêtres,
De ces murs que ta main défend contre leurs maîtres,

TRAGEDIE.

Où tu m'oses trahir, & m'outrager comme eux,
Où ma foi fut seduite, où tu trompas mes feux;
Je jure à tous les Dieux, qui vengent les parjures,
Que mon bras dans mon sang effaçant mes injures,
Plus juste que le tien, mais moins irrésolu,
Ingrat va me punir de t'avoir mal-connu;
Et je vais...

TITUS l'arrêtant.

Non, Madame, il faut vous satisfaire;
Je le veux, j'en fremis, & j'y cours pour vous plaire.
D'autant plus malheureux, que dans ma passion
Mon cœur n'a pour excuse aucune illusion;
Que je ne goûte point dans mon desordre extrême,
Le triste & vain plaisir de me tromper moi-même,
Que l'amour aux forfaits me force de voler,
Que vous m'avez vaincu sans pouvoir m'aveugler,
Et qu'encor indigné de l'ardeur qui m'anime,
Je cheris la vertu, mais j'embrasse le crime.
Haïssez-moi, fuyez, quittez un malheureux,
Qui meurt d'amour pour vous, & deteste ses feux,
Qui va s'unir à vous sous ces affreux augures,
Parmi les attentats, le meurtre, & les parjures.

TULLIE

Vous insultez, Titus à ma funeste ardeur;

Vous sentez à quel point vous regnez dans mon cœur ?
Oui, je vis pour toi seul, oui, je te le confesse !
Mais malgré ton amour, mais malgré ma foi blesse,
Aprens que le trépas m'inspire moins d'effroi
Que la main d'un époux, qui craindroit d'être à moi,
Qui se repentiroit d'avoir servi son maître,
Que je fais Souverain, & qui rougit de l'être.

Voici l'instant affreux qui va nous éloigner ;
Souviens-toi que je t'aime, & que tu peux regner :
L'Ambassadeur m'attend ; consulte, délibére,
Dans une heure avec moi tu reverras mon pere ;
Je pars, & je reviens sous ces murs odieux,
Pour y rentrer en Reine, ou perir à tes yeux.

TITUS.

Vous ne perirez point. Je vais.

TULLIE.

Titus, arrête
En me suivant plus loin, tu hazardes ta tête ;
On peut te soupçonner : demeure, adieu, resous,
D'être mon meurtrier, ou d'être mon époux.

SCE-

SCENE III.
TITUS *seul*.

Tu l'emportes, cruelle, & Rome est
　asservie ;
Reviens regner sur elle, ainsi que sur ma vie ;
Reviens, je vais me perdre, ou vais te cou-
　ronner ;
Le plus grand des forfaits est de t'abandon-
　ner.
Qu'on cherche Messala ; ma fougueuse impru-
　dence
A de son amitié lassé la patience ;
Maîtresse, Amis, Romains, je perds tout en
　un jour.

SCENE IV.
TITUS, MESSALA.
TITUS.

Sers ma fureur enfin, sers mon fatal amour ;
Viens, suis-moi.

MESSALA.

Commandez, tout est prêt ; mes cohortes
Sont au Mont Quirinal, & livreront les
　portes ;
Tous nos braves amis vont jurer avec moi,
De reconnoître en vous l'héritier de leur Roi ;
Ne perdez point de tems ; déjà la nuit plus
　sombre,

Tome II.　　　　　　　　　　　　M

BRUTUS,

Voile nos grands desseins du secret de son ombre.

TITUS.

L'heure aproche. Tullie en compte les momens...
Et Tarquin, après tout, eut mes premiers sermens.
Le sort en est jetté.

Le fond du Théâtre s'ouvre...

Que vois-je ! c'est mon pere.

SCENE V.
BRUTUS, TITUS, MESSALA, LICTEURS.

BRUTUS.

Viens, Rome est en danger; c'est en toi que j'espere.
Par un avis secret le Sénat est instruit
Qu'on doit attaquer Rome au milieu de la nuit,
J'ai brigué pour mon sang, pour le Héros que j'aime.
L'honneur de commander dans ce péril extrême;
Le Sénat te l'accorde, arme-toi, mon cher fils
Une seconde fois va sauver ton païs :
Pour notre liberté va prodiguer ta vie ;
Va, mort ou triomphant, tu feras mon envie.

TITUS.

Ciel !..

MESSALA.

Mon fils....

TITUS.

Remettez, Seigneur, en d'autres mains
Les faveurs du Sénat & le fort des Romains.

MESSALA.

Ah quel defordre affreux de fon ame s'empare !

BRUTUS.

Vous pourriez refufer l'honneur qu'on vous prepare ?

TITUS.

Qui ? moi, Seigneur ?

BRUTUS.

Eh quoi ! votre cœur égaré
Des refus du Sénat eft encore ulcéré ;
De vos prétentions je vois les injuftices.
Ah ! mon fils, eft-il tems d'écouter vos caprices ?
Vous avez fauvé Rome, & n'êtes pas heureux ;
Cet immortel honneur n'a pas comblé vos vœux :
Mon fils au Confulat a-t'il ofé prétendre,
Avant l'âge où les Loix permettent de l'attendre ?
Va, cèffe de briguer une injufte faveur ;
La place où je t'envoye eft ton pofte d'honneur.
Va, ce n'eft qu'aux Tyrans que tu dois ta colere ;
De l'Etat & de toi je fens que je fuis pere.
Donne ton fang à Rome, & n'en exige rien ;
Sois toujours un Héros, fois plus, fois Citoyen.
Je touche, mon cher fils, au bout de ma carriere,
Tes triomphantes mains vont fermer ma paupiére.

BRUTUS,

Mais soutenu du tien, mon nom ne mourra
    plus ;
Je renaîtrai pour Rome, & vivrai dans Titus.
Que dis-je ? je te suis. Dans mon âge débile
Les Dieux ne m'ont donné qu'un courage
    inutile ;
Mais je te verrai vaincre, ou mourrai com-
    me toi.
Vengeur du nom Romain, libre encor & sans
    Roi.

TITUS.

Ah ! Messala.

SCENE VI.

BRUTUS, VALERIUS, TITUS, MESSALA.

VALERIUS.

Seigneur, faites qu'on se retire.
BRUTUS à son Fils.
Cours, vole...

Titus & Messala sortent.

VALERIUS.
On trahit Rome.
BRUTUS.
Ah qu'entens-je !
VALERIUS.
On conspire.
Je n'en sçaurois douter ; on nous trahit, Sei-
    gneur ;
De cet affreux complot j'ignore encore l'au-
    teur ;
Mais le nom de Tarquin vient de se faire en-
    tendre,

TRAGÉDIE.

Et d'indignes Romains ont parlé de se rendre.

BRUTUS.
Des citoyens Romains ont demandé des fers !

VALERIUS.
Les perfides m'ont fuï par des chemins divers;
On les suit. Je soupçonne & Ménas & Lelie,
Ces partisans des Rois & de la tyrannie :
Ces secrets ennemis du bonheur de l'Etat,
Ardens à desunir le peuple & le Sénat.
Messala les protege; & dans ce trouble extrême
J'oserois soupçonner jusqu'à Messala même,
Sans l'étroite amitié dont l'honore Titus.

BRUTUS.
Observons tous leurs pas, je ne puis rien de plus.
La liberté, la Loi, dont nous sommes les peres
Nous défend des rigueurs, peut-être nécessaires.
Arrêter un Romain sur de simples soupçons,
C'est agir en tyrans, nous qui les punissons.
Allons parler au peuple, enhardir les timides,
Encourager les bons, étonner les perfides;
Que les peres de Rome & de la Liberté,
Viennent rendre aux Romains leur intrépidité;
Quels cœurs en nous voyant ne reprendront courage?
Dieux ! donnez-nous la mort plûtôt que l'esclavage.
Que le Sénat nous suive.

SCENE VII.

BRUTUS, VALERIUS, PROCULUS.

PROCULUS.

Un esclave, Seigneur,
D'un entretien secret, implore la faveur.

BRUTUS.

Dans la nuit ? à cette heure ?

PROCULUS.

Oui, d'un avis fidelle,
Il aporte, dit-il, la pressante nouvelle.

BRUTUS.

Peut-être des Romains le salut en dépend.
Allons, c'est les trahir que tarder un moment.

A Proculus.

Vous, allez vers mon fils ; qu'à cette heure fatale
Il défende sur-tout la Porte Quirinale ;
Et que la terre avoue, au bruit de ses exploits,
Que le sort de mon sang est de vaincre les Rois.

Fin du quatriéme Acte.

TRAGEDIE.

ACTE V.
SCENE I.
BRUTUS, Les SE'NATEURS, PROCULUS, LICTEURS, L'*Esclave* VINDEX.

BRUTUS.

OUI, Rome n'étoit plus ; oui, sous la tyrannie,
L'auguste liberté tomboit anéantie.
Vos tombeaux se r'ouvroient ; c'én étoit fait ;
  Tarquin
Rentroit dès cette nuit, la vengeance à la main.
C'est cet Ambassadeur, c'est lui dont l'artifice
Sous les pas des Romains creusoit ce précipice,
Enfin, le croirez-vous ? Rome avoit des enfans
Qui conspiroient contre elle, & servoient les
  Tyrans.
Messala conduisoit leur aveugle furie :
A ce perfide Arons il vendoit sa patrie.
Mais le Ciel a veillé sur Rome & sur vos jours,
Cet esclave a d'Arons écouté les discours.
  En montrant l'Esclave.
Il a prévu le crime & son avis fidéle
A réveillé ma crainte, a ranimé mon zéle.
Messala, par mon ordre arrêté cette nuit,
Devant vous à l'instant, alloit être conduit ?
J'attendois que du moins l'apareil des suplices
De sa bouche infidéle arrachât ses complices.
Mes Licteurs l'entouroient ; quand Messala
  souda in

M 4

Saisissant un poignard qu'il cachoit dans son
 sein,
Et qu'à vous, Sénateurs, il destinoit peut-être:
Mes secrets, a-t-il dit, que l'on cherche à con-
 noître,
C'est dans ce cœur sanglant qu'il faut les dé-
 couvrir,
Et qui sçait conspirer, sçait se taire & mourir.
On s'écrie, on s'avance, il se frape : & le
 traître
Meurt encore en Romain, quoiqu'indigne de
 l'être.
Déja des murs de Rome Arons étoit parti,
Assez loin vers le camp nos Gardes l'ont suivi;
On arrête à l'instant Arons avec Tullie.
Bien-tôt, n'en doutez point, de ce complot
 impie,
Le Ciel va découvrir toutes les profondeurs;
Publicola par-tout en cherche les auteurs.
Mais quand nous connoîtrons le nom des par-
 ricides,
Prenez garde, Romains, point de grace aux
 perfides :
Fussent-ils nos amis, nos freres, nos enfans,
Ne voyez que leur crime, & gardez vos ser-
 mens.
Rome, la liberté, demandent leur suplice;
Et qui pardonne au crime, en devient le com-
 plice.

A l'Esclave.

Et toi, dont la naissance & l'aveugle destin
N'avoit fait qu'un esclave, & dû faire un Ro-
 main,
Par qui le Senat vit, par qui Rome est sauvée,
Reçois la liberté que tu m'as conservée;

TRAGEDIE.

Et, prenant désormais des sentimens plus
  grands,
Sois l'égal de mes fils, & l'effroi des Tyrans.
Mais qu'est-ce que j'entens ? quelle rumeur soudaine ?

PROCULUS.

Arons est arrêté, Seigneur, & je l'amene.

BRUTUS.

De quel front pourra-t il ?

SCENE II.

**BRUTUS, Les SÉNATEURS, ARONS,
LICTEURS.**

ARONS.

Jusques-à-quand, Romains,
Voulez-vous profaner tous les droits des hu-
  mains ?
D'un peuple révolté Conseils vraiment sinistres!
Pensez-vous abaisser les Rois dans leurs mi-
  nistres ?
Vos Licteurs insolens viennent de m'arrêter ;
Est-ce mon maître ou moi que l'on veut insul-
  ter ?
Et chez les nations ce rang inviolable...

BRUTUS.

Plus ton rang est sacré, plus il te rend coupable.
Cesse ici d'attester des titres superflus.

ARONS.

L'Ambassadeur d'un Roi ...

BRUTUS.

Traître, tu ne l'es plus ;

M 5

Tu n'es qu'un conjuré, paré d'un nom sublime,
Que l'impunité seule enhardissoit au crime.
Les vrais Ambassadeurs, interprétes des Loix,
Sans les deshonorer, sçavent servir leurs Rois;
De la Foi des humains discrets Dépositaires,
La Paix seule est le fruit de leurs saints ministeres ;
Des souverains du monde ils sont les nœuds sacrés,
Et par-tout bienfaisans, sont par-tout réverés.
A ces traits, si tu peux, ose te reconnaître ;
Mais si tu veux au moins rendre compte à ton maître,
Des Ressorts, des Vertus, des Loix de cet Etat ;
Comprens l'esprit de Rome, & connois le Sénat :
Ce peuple auguste & saint sçait respecter encore
Les Loix des nations que ta main deshonore,
Plus tu les méconnois, plus nous les protégeons ;
Et le seul châtiment qu'ici nous t'imposons,
C'est de voir expirer les citoyens perfides,
Que lioient avec toi leurs complots parricides,
Tout couvert de leur sang répandu devant toi,
Va d'un crime inutile entretenir ton Roi ;
Et montre en ta personne aux peuples d'Italie
La sainteté de Rome, & ton ignominie.
Qu'on l'emmene, Licteurs.

SCENE III.

Les SENATEURS, BRUTUS, VALERIUS, PROCULUS.

BRUTUS.

Hé bien, Valerius,
Ils sont saisis sans doute, ils sont au moins connus ?
Quel sombre & noir chagrin, couvrant votre visage,
De maux encore plus grands semble être le présage,
Vous frémissez.

VALERIUS.

Songez que vous êtes Brutus.

BRUTUS.

Expliquez-vous....

VALERIUS.

Je tremble à vous en dire plus.

Il lui donne des tablettes.

Voyez, Seigneur, lisez ; connoissez les coupables.

BRUTUS *prenant les tablettes.*

Me trompez-vous, mes yeux ? O jours abominables !
O pere infortuné ! Tiberinus, mon fils !
Sénateurs, pardonnez... le perfide est-il pris ?

VALERIUS.

Avec deux conjurés il s'est osé défendre ;
Ils ont choisi la mort plutôt que de se rendre.

M 6

Percé de coups, Seigneur, il est tombé près
    d'eux,
Mais il reste à vous dire un malheur plus af-
    freux,
Pour vous, pour Rome entiére, & pour moi
    plus sensible.

        BRUTUS.

Qu'entens-je ?

        VALERIUS.

        Reprenez cette Liste terrible,
Que chez Messala même a saisi Proculus.

        BRUTUS.

Lisons donc . . . je frémis, je tremble, Ciel!
    Titus !
Il se laisse tomber entre les bras de Proculus.

        VALERIUS.

Assez près de ces lieux je l'ai trouvé sans armes,
Errant, desesperé, plein d'horreur & d'allar-
    mes ?
Peut-être il détestoit cet horrible attentat.

        BRUTUS.

Allez, Peres Conscrits, retournez au Sénat ;
Il ne m'apartient plus d'oser y prendre place ;
Allez, exterminez ma criminelle race ;
Punissez-en le pere, & jusque dans mon flanc,
Recherchez sans pitié la source de leur sang ;
Je ne vous suivrai point, de peur que ma pre-
    sence
Ne suspendît de Rome, ou fléchît la vengeance.

SCENE IV.
BRUTUS.

Grands Dieux, à vos decrets tous mes vœux sont soumis
Dieux ! vengeurs de nos Loix, vengeurs de mon païs,
C'est vous qui par mes mains fondiez sur la justice,
De notre Liberté l'éternel édifice.
Voulez-vous renverser ses sacrés fondemens ?
Et contre votre ouvrage armiez-vous mes enfans ?
Ah ! que Tiberinus en sa lâche furie ;
Ait servi nos Tyrans, ait trahi sa patrie,
Le coup en est affreux; le traître étoit mon fils.
Mais, Titus ! un Héros, l'amour de son païs,
Qui dans ce même jour, heureux & plein de gloire,
A vu par un triomphe honorer sa victoire :
Titus, qu'au Capitole ont couronné mes mains:
L'espoir de ma vieillesse, & celui des Romains :
Titus ! Dieux !

SCENE V.

BRUTUS, VALERIUS, SUITE, LICTEURS.

VALERIUS.

Du Sénat la volonté suprême
Est, que sur votre fils vous prononciez vous-
même.

BRUTUS.

Moi ?

VALERIUS.

Vous seul.

BRUTUS.

Et du reste en a-t-il ordonné ?

VALERIUS.

Des conjurés, Seigneur, le reste est condamné,
Au moment où je parle ils ont vécu peut-être.

BRUTUS.

Et du sort de mon fils le Sénat me rend maître?

VALERIUS.

Il croit à vos vertus devoir ce rare honneur.

BRUTUS.

O patrie !

VALERIUS.

Au Sénat que dirai-je, Seigneur ?

BRUTUS.

Que Brutus voit le prix de cette grace insigne,
Qu'il ne la cherchoit pas... mais qu'il s'en
rendra digne...
Mais mon fils s'est rendu sans daigner résister;
Il pourroit... pardonnez si je cherche à douter;

C'étoit l'apui de Rome, & je sens que je l'ai-
　　　me.
　　　　　VALERIUS.
Seigneur, Tullie.
　　　　　BRUTUS.
　　　　　　　Hé bien...
　　　　　VALERIUS.
　　　　　　　Tullie au moment même
N'a que trop confirmé ces soupçons odieux.
　　　　　BRUTUS.
Comment, Seigneur ?
　　　　　VALERIUS.
　　　　　　　A peine elle a revu ces lieux,
A peine elle aperçoit l'apareil des suplices,
Que sa main consommant ces tristes sacrifices ;
Elle tombe, elle expire, elle immole à nos
　　　Loix
Ce reste infortuné de nos indignes Rois.
Si l'on nous trahissoit, Seigneur, c'étoit pour
　　　elle.
Je respecte en Brutus la douleur paternelle ;
Mais tournant vers ces lieux ses yeux apesantis,
Tullie, en expirant, a nommé votre fils.
　　　　　BRUTUS.
Justes Dieux !
　　　　　VALERIUS.
　　　　　　C'est à vous à juger de son crime,
Condamnez, épargnez, ou frapez la victime,
Rome doit aprouver ce qu'aura fait Brutus.
　　　　　BRUTUS.
Licteurs, que devant moi l'on amene Titus.
　　　　　VALERIUS.
Plein de votre vertu, Seigneur, je me retire ;
Mon esprit étonné vous plaint, & vous admire,

Et je vais au Sénat aprendre avec terreur,
La grandeur de votre ame & de votre douleur.

SCENE VI.

BRUTUS, PROCULUS.

BRUTUS.

Non, plus j'y pense encor, & moins je m'imagine
Que mon fils des Romains ait tramé la ruïne;
Pour son pere, & pour Rome, il avoit trop d'amour.
On ne peut à ce point s'oublier en un jour.
Je ne le puis penser; mon fils n'est point coupable.

PROCULUS.

Messala qui forma ce complot détestable,
Sous ce grand nom peut-être a voulu se couvrir;
Peut-être on hait sa gloire, on cherche à la flétrir.

BRUTUS.

Plût au Ciel !

PROCULUS.

De vos fils, c'est le seul qui vous reste;
Qu'il soit coupable, ou non, de ce complot funeste,
Le Sénat indulgent vous remet ses destins;
Ses jours sont assurés, puisqu'ils sont dans vos mains.
Vous sçaurez à l'Etat conserver ce grand homme;

TRAGEDIE.

Vous êtes pere enfin.
BRUTUS.
Je suis Conful de Rome.

SCENE VII.
BRUTUS, PROCULUS, TITUS.
Dans le fond du Théâtre, avec des Licteurs.

PROCULUS.
Le voici.
TITUS.
C'eft Brutus ! O douloureux momens !
O terre entr'ouvre-toi fous mes pas chance-
 lans !
Seigneur, fouffrez qu'un fils...
BRUTUS.
Arrête, Téméraire.
De deux fils que j'aimai, les Dieux m'avoient
 fait pere,
J'ai perdu l'un ; que dis-je ? Ah ! malheureux
 Titus,
Parle : ai-je encore un fils ?
TITUS.
Non, vous n'en avez plus.
BRUTUS.
Répons donc à ton Juge, oprobre de ma vie.
Il s'affied.
Avois-tu réfolu d'oprimer ta patrie,
D'abandonner ton pere au pouvoir abfolu,
De trahir tes Sermens ?
TITUS.
Je n'ai rien réfolu;

Plein d'un mortel poison, dont l'horreur me dévore,
Je m'ignorois moi-même, & je me cherche encore ;
Mon cœur encor surpris de son égarement,
Emporté loin de soi, fut coupable un moment;
Ce moment m'a couvert d'une honte éternelle,
A mon païs que j'aime, il m'a fait infidéle ;
Mais, ce moment passé, mes remors infinis
Ont égalé mon crime, & vengé mon païs.
Prononcez mon arrêt. Rome, qui vous contemple
A besoin de ma perte, & veut un grand exemple.
Par mon juste suplice il faut épouvanter
Les Romains, s'il en est, qui puissent m'imiter.
Ma mort servira Rome autant qu'eût fait ma vie,
Et ce sang en tout tems utile à sa patrie,
Dont je n'ai qu'aujourd'hui souillé la pureté,
N'aura coulé jamais que pour la Liberté.

BRUTUS.

Quoi ! tant de perfidie avec tant de courage ?
De crimes, de vertus, quel horrible assemblage !
Quoi ! sur ces Lauriers mêmes, & parmi ces Drapeaux,
Que son sang à mes yeux rendoit encore plus beaux !
Quel démon t'inspira cette horrible inconstance ?

TITUS.

Toutes les passions, la soif de la vengeance,
L'ambition, la haine, un instant de fureur...

BRUTUS.

Achéve, malheureux..

TRAGEDIE.

TITUS.
Une plus grande erreur,
Un feu qui de mes sens est même encor le maître,
Qui fit tout mon forfait, qui l'augmente peut-être.
C'est trop vous offenser par cet aveu honteux,
Inutile pour Rome, indigne de nous deux.
Mon malheur est au comble ainsi que ma furie;
Terminez mes forfaits, mon desespoir, ma vie,
Votre oprobre, & le mien. Mais si dans les combats
J'avois suivi la trace où m'ont conduit vos pas,
Si je vous imitai, si j'aimai ma patrie,
D'un remors assez grand, si ma rage est suivie.

Il se jette à genoux.

A cet infortuné daignez ouvrir les bras;
Dites du moins, mon Fils, Brutus ne te hait pas;
Ce mot seul, me rendant mes vertus, & ma gloire,
De la honte où je suis défendra ma mémoire.
On dira que Titus, descendant chez les morts,
Eut un regard de vous pour prix de ses remors:
Que vous l'aimiez encore, & que malgré son crime,
Votre fils dans la tombe emporta votre estime.

BRUTUS.

... Son remors me l'arrache. O Rome! O mon païs!
Proculus... à la mort que l'on mene mon fils.
... Leve-toi, triste objet d'horreur, & de tendresse:
Leve-toi, cher apui qu'esperoit ma vieillesse:

Viens embrasser ton père: il t'a dû condamner;
Mais, s'il n'étoit Brutus, il t'alloit pardonner.
Mes pleurs, en te parlant, inondant ton visage:
Va, porte à ton suplice un plus mâle courage;
Va, ne t'atendris point, sois plus Romain que moi,
Et que Rome t'admire, en se vengeant de toi.

TITUS.

Adieu, je vais périr, digne encor de mon pere.

On l'emmene.

SCENE VIII.
BRUTUS, PROCULUS.
PROCULUS.

SEigneur, tout le Sénat dans sa douleur sincere,
Et frémissant du coup qui doit vous accabler...

BRUTUS.

Vous connoissez Brutus, & l'osez consoler?
Songez qu'on nous prépare une attaque nouvelle;
Rome seule a mes soins, mon cœur ne connoît qu'elle.
Allons, que les Romains dans ces momens affreux
Me tiennent lieu du fils que j'ai perdu pour eux,
Que je finisse au moins ma déplorable vie,
Comme il eût dû mourir, en vengeant la patrie.

SCENE DERNIERE.
BRUTUS, PROCULUS,
Un SÉNATEUR.
LE SÉNATEUR.

SEigneur...
BRUTUS.
Mon fils n'est plus ?
LE SÉNATEUR.
C'en est fait... & mes yeux...
BRUTUS.
Rome est libre. Il suffit... Rendons graces aux Dieux.

Fin du cinquiéme & dernier Acte, & du Tome second.

www.ingramcontent.com/pod-product-compliance
Lightning Source LLC
Chambersburg PA
CBHW050627170426
43200CB00008B/910